책이 예쁘다고 너무 곱게 다루진 마세요.
마르고 닳도록 써 보고 말해 보세요.

초등영어
문장만들기가
먼저다

* 이 책은 기출간된 〈영어연산훈련〉과 중복된 내용의 초등영어 버전입니다.

초등영어 문장만들기가 먼저다 1

초판 1쇄 발행 | 2019년 1월 14일
초판 7쇄 발행 | 2026년 1월 16일

지은이 | 박광희·캐나다 교사 영낭훈 연구팀

발행인 | 박효상
편집장 | 김현
기획·편집 | 김현

디자인·조판 | the page 박성미
삽화 | 이소라

마케팅 | 이태호, 이전희
관리 | 김태옥

종이 | 월드페이퍼　인쇄·제본 | 예림인쇄·바인딩

발행처 | 사람in　출판등록 | 제10-1835호

주소 | 04034 서울시 마포구 양화로 11길 14-10 (서교동) 3F
전화 | 02) 338-3555(代)　팩스 | 02) 338-3545
E-mail | saramin@netsgo.com　Website | www.saramin.com
인스타그램 | www.instagram.com/saramin_books　블로그 | blog.naver.com/saramcom

ISBN | 978-89-6049-720-7 64740　978-89-6049-721-4 (세트)

책값은 뒤표지에 있습니다.
파본은 바꾸어 드립니다.

1. 기본 동사로 문장 만들기

초등영어 문장만들기가 먼저다

본격 문법 공부 전에 문장 만들기 훈련이 먼저다!

: 수학에는 연산 훈련이 있다!

왜 미국과 캐나다 사람들은 간단한 암산을 할 때도 계산기를 쓸까요? 머리가 나빠서 계산기 없이는 셈을 못하는 것일까요? 그 이유는 바로, 북미에서는 수학 연산 훈련을 가르치지 않기 때문입니다. 결코 거기 사람들이 머리가 나쁘거나 계산 능력이 떨어져서가 아니에요. 그래서 우리는 암산 능력을 키워 주신 선생님과 부모님께 감사해야 해요. **꾸준히 수학 연산 훈련**을 시켜 주신 덕분에 북미 사람들보다 **더 빠르고 정확하게 계산할 줄 알게 된 것**이니까요.

: 영어에는 문장 만들기 훈련이 필요하다!

수학은 빠르게 암산을 할 수 있도록 꾸준히 연산 훈련을 해왔어요. 하지만 영어는 문법과 단어를 외워서 문제만 풀었지 암산처럼 입에서 자동으로 나오게 하는 훈련을 안 했어요. **기본 문법 내용이 머리에서 맴돌고 금방 입으로 나오지 않는 건 능력이 없어서가 아니라 훈련이 부족했기 때문이에요.**

이것은 실험으로도 증명돼요. Bobrow & Bower가 한 실험인데요, 한 집단에게는 이미 만들어진 문장을 외우게 했고, 다른 한 집단에게는 주어와 목적어를 주고 문장을 스스로 만들도록 했어요. 그 결과 주어진 문장을 암기한 집단은 29%가 문장을 다시 생각해 낸 반면, 주어와 목적어를 가지고 직접 문장을 만든 집단은 58%가 다시 그 문장을 기억해 냈어요. 외운 것은 금방 까먹지만 **스스로 만든 것은 훨씬 기억에 오래 남는다**는 거지요.

: 영어 문장 만들기 훈련의 5가지 규칙

캐나다에 7년 이상 살면서도 영어를 두려워하던 제 아내 이야기를 해볼게요. 한국에서 영어를 공부한 누구나가 그러하듯 아내 역시 영어가 머리에 둥둥 떠다니고 입으로 나오는 데는 한참이 걸렸어요. 말하는 사람도 답답하고 듣는 사람도 지치고……. 자신감도 점점 잃었지요. 그래서 저는 **기본 문법의 문장 적용 능력을 키우기 위한 다섯 가지 규칙**을 생각해 냈어요.

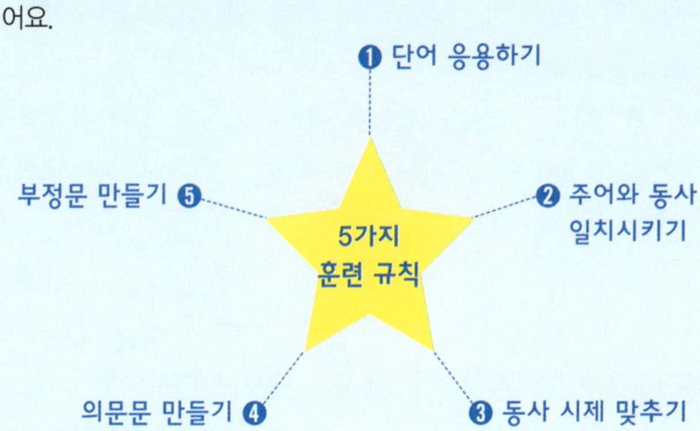

주어진 문장을 이 다섯 가지 규칙을 활용해 만들어 보는 것이 훈련의 가장 큰 핵심입니다. 이 다섯 가지 규칙을 활용해 **꾸준히 영어 문장 만들기 훈련을 하면 암산하는 것처럼 빠르게 문장으로 말할 수 있어요.** 그렇게 문장을 만들 줄 안다면 언제든 그 문장은 입으로 '툭'하고 나올 거예요.

: 영어로 입이 트이려는 학생들에게 효과 만점

어학원을 운영하면서 저는 이 다섯 가지 규칙의 훈련의 효과를 더욱 믿게 되었어요. 제가 영어를 사용할 기회가 없는 한국인들에게 권하는 게 **낭독과 암송이에요. 영어 문장을 내 몸에 체화시켜 스피킹이 폭발적으로 터지게 하는 학습법이지요.** 영어를 사용할 기회가 없는 한국적 상황에 참 좋은 방법이에요.

그런데 기초가 없는 학생들에게는 이 낭독과 암송이 쉽지 않았어요. 문장을 통해 자연스럽게 어순을 익혀 응용하기까지 생각보다 많은 시간이 걸리는 것이었어요. 그래서 저는 앞서 말한 다섯 가지 규칙으로 먼저 문장을 만들고 말하기 훈련을 시켜 보았고 결과는 성공! **여기에 낭독과 암송이 받쳐 주니 말문이 터지기 시작**하더라고요.

: 문장 말하기 훈련 = 영어 두뇌로의 변화

영어는 우리말과 어순이 달라요. 그래서 참 배우기가 더 어렵죠. 그래서 이걸 해결하려고 문법부터 열심히 공부하죠. 그래서 어려운 용어를 뜻도 모른 채 외우고요. 하지만, **영어를 비롯한 모든 언어는 먼저 문장을 만들 수 있게 훈련을 한 다음 문법을 해야 해요. 물론 문장을 만들 수 있게 하는 기본 문법 정도는 선별해서 해야 하고요.** 기본 회화 문장이 척척 나올 수 있게 훈련을 하고 나서 문법을 하게 되면 그 어렵던 문법이 전혀 어렵게 느껴지지 않아요.

: 영어 말문이 터지는 『초등영어 문장만들기가 먼저다』

그런데 이렇게 훈련시킬 수 있는 교재를 찾기가 힘들었어요. 그래서 캐나다의 현지 교사들과 팀을 이루어 총 7권의 시리즈로 목차와 구성을 짜고 기획 의도에 알맞은 영어 문장을 선별하는 작업을 했어요. 말하기에 유용한 기본 문법을 익혀 실생활에서 직관적 문장으로 말할 수 있게 한 혁신적인 영어 학습 과정, 『초등영어 문장만들기가 먼저다』는 그렇게 탄생했어요.

: 문장 만들기를 더 재미있게 할 수 있는 TIP!

구글홈이 있다면 혹은 스마트폰에서 구글 어시스턴트 앱을 다운받으면 더 재미있게 영어를 활용할 수 있습니다. 스마트폰의 경우 앱을 다운받아 스마트폰의 설정에서 언어를 영어와 한국어 이렇게 두 개로 지정해 놓으세요. 그리고 OK Google 이렇게 부른 다음 Repeat after me 라고 말하고 여러분이 직접 만든 문장을 말해 보세요. 그럼 구글홈 스피커나 구글 어시스턴트가 여러분이 말한 문장을 따라 말할 거예요. 또, OK Google 이렇게 부른 다음 여러분이 만든 문장을 말하고 구글이 하는 말을 들어보세요. 이렇게 말을 걸고 대답을 듣는 과정에서 영어 실력이 몰라보게 늘어날 거예요.

캐나다에서 '꿈동이' 박광희

이 책의 순서

이 책의 활용

이 책에는 영어 문장 만들기 훈련에 적합한 기본 문법을 담은 120개의 대표 문장이 실려 있습니다. 캐나다 현지 교사 들이 초보 기본 개념을 이해하고 말하기로 이어지게 고안한 문장들입니다. 이 120문장을 다섯 가지 훈련 규칙에 따라 나만의 문장으로 만드는 연습을 해 보세요. 이 문장 만들기 규칙에 따라 스스로 문장을 만드는 과정을 통해 자연스럽게 문법과 영어의 문장 구조가 체화됩니다.

기본 문법을 활용하여 바로 바로 말하는 것을 목표로 훈련을 시작해 보세요!

STEP 1

눈으로 암기하는 문법 개념

영어 문장 만들기 훈련을 하기 위해 필요한 문법 개념을 알아봅니다. 문법은 단어를 어떻게 배열할 지에 대한 가이드로 문장의 의미는 단어 배열에 따라 달라집니다. 예문을 여러 번 따라 읽으며 정확한 단어의 순서를 익히세요.

STEP 2

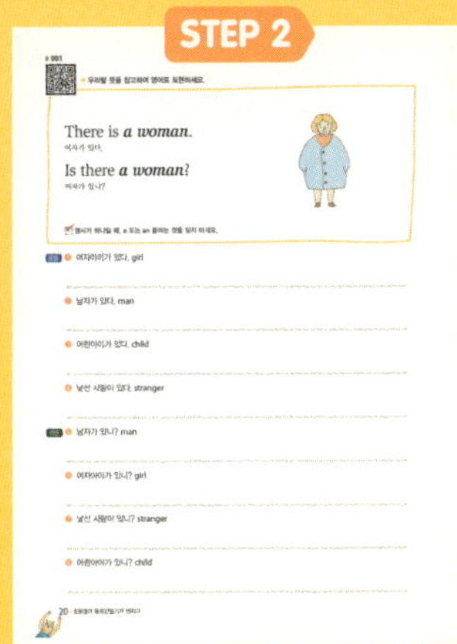

손으로 체화하는 훈련

앞서 배운 문법을 활용해 회화로 이어지는 문장을 만들어 봅니다. 먼저, 손으로 쓰면서 문장을 완성하세요. 다섯 가지 훈련 규칙에 따라 스스로 문장을 만드는 꾸준한 연습이 문법을 체화시켜 줍니다. 그 다음에, 각 문장을 5번씩 낭독하기(음원을 따라 읽기)와 암송하기(외워 말하기)를 하며 입으로도 훈련해 봅니다. 실전 말하기에서 바로 바로 나올 수 있도록 충분히 훈련하세요.

STEP 3

입으로 확인하는 문장 만들기

그림을 보고 그동안 배운 대표 문장을 입으로 만들어 봅니다. 말하기 전에 문법을 머리로 생각하는 과정을 생략할 수 있을 때까지 연습하세요. 꾸준한 문장 만들기 훈련으로 기본 문법을 활용한 말하기 문장이 한방에 나올 수 있어야 비로소 훈련을 마칠 수 있습니다.

정답 및 MP3 파일은 www.saramin.com에서 다운로드 받으실 수 있습니다.

영어!
공부법이 알고 싶다

① 영어는 공부가 아닌 훈련을 해야 한다.

지식에는 두 가지 종류가 있습니다. 배움을 통해 얻어지는 **명시적 지식**과 익힘을 통해 알게 되는 **암묵적 지식**이 있습니다. 명시적 지식은 수학이나 과학 같이 사실을 암기하거나 논리적 추론으로 이해하는 지식으로 머리를 사용해 배웁니다. 한편, 암묵적 지식은 운동이나 악기처럼 반복적인 훈련을 통해 몸으로 체득하는 지식입니다.

그럼 영어는 명시적 지식에 속할까요? 암묵적 지식에 속할까요?
그동안 우리는 문법과 단어를 외우고 또 외우면서 영어를 암기했습니다. 하지만 놀랍게도 뇌 과학자들은 영어가 암묵적 지식이라고 말합니다. 뇌 영상 연구를 보면 암묵적 지식과 명시적 지식은 뇌의 다른 부분을 사용한다고 합니다. 수학을 공부할 때는 뇌의 다양한 부위를 사용하여 논리적인 추론을 하지만, 언어를 사용할 때의 뇌는 특정 부위만을 사용하는 것입니다.

② '영어 낭독 훈련'과 '영어 암송 훈련'이 답이다.

우리가 문법을 아무리 완벽하게 암기하고 단어를 많이 알아도, 영어를 틀린 방법으로 공부했기 때문에 지금까지 영어로 말하기 힘들었던 것입니다.
아기들이 한국어를 배우는 과정을 살펴볼까요? 옹알이로 시작해 돌 무렵이면 주위 사람들이 하는 말을 듣고 계속 따라 하다가 말문이 트이면 자유자재로 말하게 됩니다. 여기서 중요한 건 듣고 또 듣고 따라 한다는 거죠.
영어도 이처럼 자연스럽게 체화하면 제일 좋겠지만 그러기에 불가능한 환경입니다. 그래서 영어 노출이 거의 없는 한국의 상황에서 **'영어 낭독 훈련'과 '영어 암송 훈련'은 영어를 자유자재로 구사할 수 있게 해주는 비법**입니다. 녹음된 외국인의 음성을 듣고 따라 말하는 훈련을 통해 발음과 억양, 리듬감을 정확하게 익히게 됩니다. 영어 문장이 내 몸처럼 익숙해질 때까지 입으로 암송하면 우리가 국어 문법을 배우지 않아도 문법에 맞는 한국어를 할 수 있는 것처럼 영어도 말할 수 있게 됩니다.

3 '영어 낭독 훈련'과 '영어 암송 훈련'에 '영어 문장 만들기 훈련'을 더하라.

'영어 낭독 훈련'과 '영어 암송 훈련'도 단점이 있습니다. 기본기가 없거나 언어 감각이 부족한 학생들은 내 몸이 기억해서 어느 순간 폭발적으로 스피킹이 터지기까지 너무 많은 시간이 걸립니다.

그때 문법이라는 가이드가 영어를 좀 더 쉽게 체화할 수 있도록 도와줄 수 있습니다. 문법을 알고 암송을 하면 문장을 받아들이는 속도가 빨라집니다. 수영법을 모르고 물에 들어가면 허우적대지만, 수영법을 배우고 물에 들어가면 빨리 뜰 수 있습니다. 이론을 배우면 실전에서 능률이 오르기 마련이지요.

하지만 시중의 영어 문법서들은 대부분 독해와 시험을 위한 문법서입니다. 문법 용어와 설명만 파고드는 건 의사소통을 위한 언어 훈련법으로 맞지 않습니다. 그래서 우리는 **기본 문법을 영어 문장을 만들고 말하기로 이어지게 하는 훈련서를** 개발했습니다. '수학 4칙 연산 훈련'이 셈을 빠르게 해주는 것처럼 『초등영어 문장만들기가 먼저다』는 문법을 직관적으로 문장에 적용하고 곧바로 말로 나오게 훈련시켜 줍니다.

일치, 시간, 의문, 부정, 응용의 **'영어 5가지 훈련 규칙'**은 모든 영어 문장에 들어있는 기본 뼈대입니다. 다섯 가지 법칙을 적용하여 쓰고 말하는 훈련을 꾸준히 한다면, 몸이 문법을 기억하는 동시에 문법 응용 능력이 생겨 스스로 문장을 만들 수 있게 될 것입니다.

『초등영어 문장만들기가 먼저다』로 '머릿속에 머물던 문법'이 문장이 되어 입으로 나오게 해보세요.

본격적인 영어 문장 만들기 훈련을 하기 전에 ...

단어를 성격에 따라 구분해 봅시다.

1 동사

- 움직임(動)이나 상태를 나타내는 말(詞)이에요.
- 문장의 핵심이에요.
- 인칭, 수, 시제를 나타내요.

  I am Judy Kim. 나는 주디 킴이다.

  → 1인칭, 단수, 현재 시제
- 뒤에 무엇이 올지 결정해요.

  He kept me waiting. 그가 나를 기다리게 했다.

  → 타동사로 목적어 필요

2 명사

- 이름(名)을 나타내는 말(詞)이에요.
- 셀 수 있는 명사와 셀 수 없는 명사로 나눌 수 있어요.

① 셀 수 있는 명사

· 두루 쓰이는 일반적인 것의 이름 car, socks, shoes

· 모임 · 집단의 이름 family, class, police

② 셀 수 없는 명사

· 특정한 사람이나 사물의 이름 Sumi, the Han River

· 정해진 모양이 없는 것의 이름 sugar, salt, juice

· 눈에 보이지 않는 추상적인 것의 이름 love, friendship

3 대명사

- 명사(名)를 대신(代)하는 말(詞)이에요.

  Sumi is my friend. She is smart. 수미는 내 친구다. 그녀는 똑똑하다.

  (Sumi = She)

4 형용사

- 모양(形)이나 모습(容)을 나타내는 말(詞)이에요.
- 명사를 꾸미거나 술어에 의미를 더해요.

She has a red car. 그녀는 빨간 자동차가 있다.

I am happy. 나는 행복하다.

5 부사

- 옆에서 도와(副)주는 말(詞)이에요.
- 동사, 형용사, 다른 부사, 문장 전체를 꾸며요.

I am very happy. 나는 정말 행복하다.

6 전치사

- 앞(前)에 두는(置) 말(詞)이에요.
- 명사나 대명사 앞에서 방향, 시간, 장소, 상태를 나타내요.

A bird is on my arm. 새가 내 팔 위에 있다.

7 접속사

- 서로 맞대어 이어주는(接續) 말(詞)이에요.
- 단어와 단어, 문장과 문장을 연결해요.

Kevin and I are friends. 케빈과 나는 친구이다.

문장을 구성하는 요소를 알아봅시다.

주어	문장의 주체가 되는 말로 문장 필수 요소	··· 명사, 대명사
술어	주어에 대해 서술하는 말로 문장 필수 요소	··· 동사
목적어	술어의 목적이 되는 말	··· 명사, 대명사 등
보어	동사를 보충하는 말	··· 명사, 대명사, 형용사 등
수식어	주어, 동사, 목적어, 보어를 꾸며 주는 말	··· 형용사나 부사에 속하는 말

He can play the piano very well. 그는 피아노를 매우 잘 칠 수 있다.

He (주어) can play (술어) the piano (목적어) very well (수식어)

이 책의 학습 진도표

표준 학습 진도표 하루에 한 과씩 학습하고 리뷰로 복습하세요.

날짜	월 일	월 일	월 일	월 일	월 일	월 일
진도	Unit 01 There is	Unit 02 There are	Unit 03 be동사+형용사	Unit 04 be동사+-ing/-ed	Unit 05 be동사+명사 표현	Review 001 ~ 046
자기평가	☆☆☆☆☆	☆☆☆☆☆	☆☆☆☆☆	☆☆☆☆☆	☆☆☆☆☆	☆☆☆☆☆
날짜	월 일	월 일	월 일	월 일	월 일	월 일
진도	Unit 06 be동사+전치사구	Unit 07 일반동사 do	Unit 08 일반동사 have	Unit 09 has	Unit 10 일반동사 make	Review 047 ~ 088
자기평가	☆☆☆☆☆	☆☆☆☆☆	☆☆☆☆☆	☆☆☆☆☆	☆☆☆☆☆	☆☆☆☆☆
날짜	월 일	월 일	월 일	월 일	월 일	
진도	Unit 11 make+A+B	Unit 12 일반동사 want	Unit 13 want to	Unit 14 I want you to	Review 089 ~ 120	
자기평가	☆☆☆☆☆	☆☆☆☆☆	☆☆☆☆☆	☆☆☆☆☆	☆☆☆☆☆	

나의 학습 진도표 하루에 공부할 분량을 스스로 정하고, 목표를 꼭 지키세요.

날짜	월 일	월 일	월 일	월 일	월 일
진도					
자기평가	☆☆☆☆☆	☆☆☆☆☆	☆☆☆☆☆	☆☆☆☆☆	☆☆☆☆☆
날짜	월 일	월 일	월 일	월 일	월 일
진도					
자기평가	☆☆☆☆☆	☆☆☆☆☆	☆☆☆☆☆	☆☆☆☆☆	☆☆☆☆☆
날짜	월 일	월 일	월 일	월 일	월 일
진도					
자기평가	☆☆☆☆☆	☆☆☆☆☆	☆☆☆☆☆	☆☆☆☆☆	☆☆☆☆☆
날짜	월 일	월 일	월 일	월 일	월 일
진도					
자기평가	☆☆☆☆☆	☆☆☆☆☆	☆☆☆☆☆	☆☆☆☆☆	☆☆☆☆☆
날짜	월 일	월 일	월 일	월 일	월 일
진도					
자기평가	☆☆☆☆☆	☆☆☆☆☆	☆☆☆☆☆	☆☆☆☆☆	☆☆☆☆☆

Tell me,
and I'll forget.
Teach me,
and I may
remember.
Involve me,
and I learn.

- Benjamin Franklin

말해 주면 잊어버려요.
보여주면 기억할 수도 있겠죠.
내가 하면 깨달아요.

Benjamin Franklin 벤자민 프랭클린 1706~1790

출판업자이자 정치가, 과학자, 미국 건국의 아버지로 100달러 지폐에 초상화가 새겨져 있다.

UNIT 01

There is ...

시작 월 일 :

마침 월 일 :

☆ **There is** *a contest.* 대회가 있다.

There is는 영어에서 자주 쓰이는 문장 형태 중 하나로 '…가 있다'라는 뜻입니다. There is 뒤에는 a desk, an apple, a contest와 같은 단수명사 또는 milk처럼 셀 수 없는 명사가 옵니다.

☆ **Is there** *a contest***?** 대회가 있니?

'…가 있니?'라고 질문을 할 때는 동사 Is를 there 앞에 보내 Is there ~?라고 말합니다.

Tip contest 앞에 a는 뭐죠?

셀 수 있는 명사 앞에 붙는 a와 an은 '하나'를 뜻해요. apple이나 event처럼 단어의 발음이 모음 [a, e, i, o, u]으로 시작하면 an을, 나머지는 a를 붙여요.

001

★ 우리말 뜻을 참고하여 영어로 표현하세요.

There is ***a woman***.
여자가 있다.

Is there ***a woman***?
여자가 있니?

☑ 명사가 하나일 때, a 또는 an 붙이는 것을 잊지 마세요.

응용 ① 여자아이가 있다. girl

② 남자가 있다. man

③ 어린아이가 있다. child

④ 낯선 사람이 있다. stranger

의문 ⑤ 남자가 있니? man

⑥ 여자아이가 있니? girl

⑦ 낯선 사람이 있니? stranger

⑧ 어린아이가 있니? child

▶ 002

★ 우리말 뜻을 참고하여 영어로 표현하세요.

There is ***a woman*** at the door.
문에 여자가 있다.

Is there ***a woman*** at the door?
문에 여자가 있니?

☑ at the door 문에

응용 ❶ 문에 여자아이가 있다. girl

❷ 문에 남자가 있다. man

❸ 문에 어린아이가 있다. child

❹ 문에 낯선 사람이 있다. stranger

의문 ❺ 문에 남자가 있니? man

❻ 문에 여자아이가 있니? girl

❼ 문에 낯선 사람이 있니? stranger

❽ 문에 어린아이가 있니? child

003

★ 우리말 뜻을 참고하여 영어로 표현하세요.

There is ***a light.***

전등이 있다.

Is there ***a light?***

전등이 있니?

✔ armchair와 alarm clock처럼 모음으로 시작하면 앞에 an을 붙여요.

응용 ① 탁자가 있다. table

② 안락의자가 있다. armchair

③ 책상이 있다. desk

④ 자명종이 있다. alarm clock

의문 ⑤ 안락의자가 있니? armchair

⑥ 탁자가 있니? table

⑦ 자명종이 있니? alarm clock

⑧ 책상이 있니? desk

★ 우리말 뜻을 참고하여 영어로 표현하세요.

There is ***a light*** next to the bed.
침대 옆에 전등이 있다.

Is there ***a light*** next to the bed?
침대 옆에 전등이 있니?

☑ next to … 옆에

응용 ❶ 침대 옆에 탁자가 있다. table

❷ 침대 옆에 안락의자가 있다. armchair

❸ 침대 옆에 책상이 있다. desk

❹ 침대 옆에 자명종이 있다. alarm clock

의문 ❺ 침대 옆에 안락의자가 있니? armchair

❻ 침대 옆에 탁자가 있니? table

❼ 침대 옆에 자명종이 있니? alarm clock

❽ 침대 옆에 책상이 있니? desk

005

★ 우리말 뜻을 참고하여 영어로 표현하세요.

There is *a mug.*

머그잔이 있다.

Is there *a mug?*

머그잔이 있니?

plate 둥근 접시 • bowl 우묵한 그릇, 공기

응용 ❶ 유리잔이 있다. glass

❷ 접시가 있다. plate

❸ 그릇이 있다. bowl

❹ 꽃병이 있다. vase

의문 ❺ 접시가 있니? plate

❻ 유리잔이 있니? glass

❼ 꽃병이 있니? vase

❽ 그릇이 있니? bowl

006

★ 우리말 뜻을 참고하여 영어로 표현하세요.

There is ***a mug*** on the table.
탁자 위에 머그잔이 있다.

Is there ***a mug*** on the table?
탁자 위에 머그잔이 있니?

on the table 탁자 위에

응용 ❶ 탁자 위에 유리잔이 있다. glass

❷ 탁자 위에 접시가 있다. plate

❸ 탁자 위에 그릇이 있다. bowl

❹ 탁자 위에 꽃병이 있다. vase

의문 ❺ 탁자 위에 접시가 있니? plate

❻ 탁자 위에 유리잔이 있니? glass

❼ 탁자 위에 꽃병이 있니? vase

❽ 탁자 위에 그릇이 있니? bowl

▶ 007

★ 우리말 뜻을 참고하여 영어로 표현하세요.

There is ***a map*** over there.
저쪽에 지도가 있다.

Is there ***a map*** over there?
저쪽에 지도가 있니?

✔ over there **저쪽에, 저기에**

응용 ① 저쪽에 사과가 있다. apple

② 저쪽에 자전거가 있다. bike

③ 저쪽에 병이 있다. bottle

④ 저쪽에 노트북 컴퓨터가 있다. laptop

의문 ⑤ 저쪽에 자전거가 있니? bike

⑥ 저쪽에 사과가 있니? apple

⑦ 저쪽에 노트북 컴퓨터가 있니? laptop

⑧ 저쪽에 병이 있니? bottle

▶ 008

★ 우리말 뜻을 참고하여 영어로 표현하세요.

There is ***butter*** in the fridge.

냉장고에 버터가 있다.

Is there ***butter*** in the fridge?

냉장고에 버터가 있니?

☑ in the fridge 냉장고 안에
butter, cheese, ice cream, milk, ketchup은 셀 수 없는 명사예요.

응용 ❶ 냉장고에 치즈가 있다. cheese

❷ 냉장고에 아이스크림이 있다. ice cream

❸ 냉장고에 우유가 있다. milk

❹ 냉장고에 케첩이 있다. ketchup

의문 ❺ 냉장고에 아이스크림이 있니? ice cream

❻ 냉장고에 치즈가 있니? cheese

❼ 냉장고에 케첩이 있니? ketchup

❽ 냉장고에 우유가 있니? milk

▶ 009

★ 우리말 뜻을 참고하여 영어로 표현하세요.

There is ***a test.***

시험이 있다.

Is there ***a test?***

시험이 있니?

응용 ❶ 파티가 있다. party

❷ 대회가 있다. contest

❸ 행사가 있다. event

❹ 발표가 있다. presentation

의문 ❺ 대회가 있니? contest

❻ 파티가 있니? party

❼ 발표가 있니? presentation

❽ 행사가 있니? event

★ 우리말 뜻을 참고하여 영어로 표현하세요.

There is ***a test*** two weeks from now.
지금부터 2주 후에 시험이 있다.

Is there ***a test*** two weeks from now?
지금부터 2주 후에 시험이 있니?

✔ two weeks from now **지금부터 2주 후**

응용 ❶ 지금부터 2주 후에 파티가 있다. party

❷ 지금부터 2주 후에 대회가 있다. contest

❸ 지금부터 2주 후에 행사가 있다. event

❹ 지금부터 2주 후에 발표가 있다. presentation

의문 ❺ 지금부터 2주 후에 대회가 있니? contest

❻ 지금부터 2주 후에 파티가 있니? party

❼ 지금부터 2주 후에 발표가 있니? presentation

❽ 지금부터 2주 후에 행사가 있니? event

Review

001 - 010 그림을 보고 영어로 말해 보세요.

001

002

003

004

005

006

007

008

009

010

UNIT 02

There are...

시작 월 일 :

마침 월 일 :

☆ There are *cars.* 자동차들이 있다.

There are는 뒤에 cars, shoes, kids와 같은 복수 명사가 옵니다. '…들이 있다'는 뜻입니다.

☆ Are there *cars?* 자동차들이 있니?

'…들이 있니?'라고 질문을 할 때는 동사 Are를 there 앞에 보내 Are there …?라고 말합니다.

Tip car와 cars는 무엇이 다른가요?

사람 또는 사물이 여럿이면 복수형으로 나타내요. 명사에 -s나 -es를 붙이는 규칙형과 그렇지 않은 불규칙형이 있어요.

▶ 011

★ 우리말 뜻을 참고하여 영어로 표현하세요.

There are *three kittens.*

새끼 고양이 세 마리가 있다.

Are there *three kittens?*

새끼 고양이 세 마리가 있니?

☑ 명사를 복수형으로 바꾸세요.

kitten–kittens • puppy–puppies • car–cars • child–children • policeman–policemen

응용 ❶ 강아지 두 마리가 있다. puppy

❷ 자동차 다섯 대가 있다. car

❸ 어린아이 네 명이 있다. child

❹ 경찰관 여섯 명이 있다. policeman

의문 ❺ 자동차 다섯 대가 있니? car

❻ 강아지 두 마리가 있니? puppy

❼ 경찰관 여섯 명이 있니? policeman

❽ 어린아이 네 명이 있니? child

012

★ 우리말 뜻을 참고하여 영어로 표현하세요.

There are ***three kittens*** on the street.
길에 새끼 고양이 세 마리가 있다.

Are there ***three kittens*** on the street?
길에 새끼 고양이 세 마리가 있니?

☑ on the street 길에

응용 ❶ 길에 강아지 두 마리가 있다. puppy

❷ 길에 자동차 다섯 대가 있다. car

❸ 길에 어린아이 네 명이 있다. child

❹ 길에 경찰관 여섯 명이 있다. policeman

의문 ❺ 길에 자동차 다섯 대가 있니? car

❻ 길에 강아지 두 마리가 있니? puppy

❼ 길에 경찰관 여섯 명이 있니? policeman

❽ 길에 어린아이 네 명이 있니? child

013

★ 우리말 뜻을 참고하여 영어로 표현하세요.

There are some ***socks.***

양말들이 좀 있다.

Are there any ***socks?***

양말들이 좀 있니?

✔ some 약간의, 조금의 • 의문문에서는 보통 some 대신 any를 씁니다.
sock–socks • jacket–jackets • scarf–scarves • skirt–skirts • T-shirt –T-shirts

응용 ① 재킷들이 좀 있다. jacket

② 목도리들이 좀 있다. scarf

③ 치마들이 좀 있다. skirt

④ 티셔츠들이 좀 있다. T-shirt

의문 ⑤ 목도리들이 좀 있니? scarf

⑥ 재킷들이 좀 있니? jacket

⑦ 티셔츠들이 좀 있니? T-shirt

⑧ 치마들이 좀 있니? skirt

014

★ 우리말 뜻을 참고하여 영어로 표현하세요.

There are some ***socks*** in the closet.

옷장에 양말들이 좀 있다.

Are there any ***socks*** in the closet?

옷장에 양말들이 좀 있니?

☑ in the closet 옷장에

응용 ❶ 옷장에 재킷들이 좀 있다. jacket

❷ 옷장에 목도리들이 좀 있다. scarf

❸ 옷장에 치마들이 좀 있다. skirt

❹ 옷장에 티셔츠들이 좀 있다. T-shirt

의문 ❺ 옷장에 목도리들이 좀 있니? scarf

❻ 옷장에 재킷들이 좀 있니? jacket

❼ 옷장에 티셔츠들이 좀 있니? T-shirt

❽ 옷장에 치마들이 좀 있니? skirt

015

★ 우리말 뜻을 참고하여 영어로 표현하세요.

There are several ***kids.***

여러 명의 아이가 있다.

Are there several ***kids?***

여러 명의 아이가 있니?

several 여러 개의

kid–kids · swing–swings · slide–slides · seesaw–seesaws · bench–benches

응용 ① 여러 개의 그네가 있다. swing

② 여러 개의 미끄럼틀이 있다. slide

③ 여러 개의 시소가 있다. seesaw

④ 여러 개의 긴 의자가 있다. bench

의문 ⑤ 여러 개의 그네가 있니? swing

⑥ 여러 개의 미끄럼틀이 있니? slide

⑦ 여러 개의 시소가 있니? seesaw

⑧ 여러 개의 긴 의자가 있니? bench

★ 우리말 뜻을 참고하여 영어로 표현하세요.

There are several ***kids***
on the playground.
놀이터에 여러 명의 아이가 있다.

Are there several ***kids***
on the playground?
놀이터에 여러 명의 아이가 있니?

☑ on the playground **놀이터에**

응용 ❶ 놀이터에 여러 개의 그네가 있다. swing

❷ 놀이터에 여러 개의 미끄럼틀이 있다. slide

❸ 놀이터에 여러 개의 시소가 있다. seesaw

❹ 놀이터에 여러 개의 긴 의자가 있다. bench

의문 ❺ 놀이터에 여러 개의 그네가 있니? swing

❻ 놀이터에 여러 개의 미끄럼틀이 있니? slide

❼ 놀이터에 여러 개의 시소가 있니? seesaw

❽ 놀이터에 여러 개의 긴 의자가 있니? bench

017

★ 우리말 뜻을 참고하여 영어로 표현하세요.

There are many ***countries.***

많은 나라들이 있다.

Are there many ***countries?***

많은 나라들이 있니?

many 많은

country–countries • language–languages • food–foods • culture–cultures • religion–religions

응용 ❶ 많은 언어들이 있다. language

❷ 많은 음식들이 있다. food

❸ 많은 문화들이 있다. culture

❹ 많은 종교들이 있다. religion

의문 ❺ 많은 음식들이 있니? food

❻ 많은 언어들이 있니? language

❼ 많은 종교들이 있니? religion

❽ 많은 문화들이 있니? culture

▶ 018

★ 우리말 뜻을 참고하여 영어로 표현하세요.

There are many different ***countries.***

많은 다른 나라들이 있다.

Are there many different ***countries?***

많은 다른 나라들이 있니?

☑ different 다른

응용 ❶ 많은 다른 언어들이 있다. language

❷ 많은 다른 음식들이 있다. food

❸ 많은 다른 문화들이 있다. culture

❹ 많은 다른 종교들이 있다. religion

의문 ❺ 많은 다른 음식들이 있니? food

❻ 많은 다른 언어들이 있니? language

❼ 많은 다른 종교들이 있니? religion

❽ 많은 다른 문화들이 있니? culture

▶ 019

★ 우리말 뜻을 참고하여 영어로 표현하세요.

There are ***fish*** in the sea.
바다에 물고기들이 있다.

Are there ***fish*** in the sea?
바다에 물고기들이 있니?

✔ in the sea 바다에
whale-whales • shark-sharks • fish, shrimp, squid는 모두 집합 명사로 단수 · 복수형이 같아요.

응용 ❶ 바다에 고래들이 있다. whale

❷ 바다에 상어들이 있다. shark

❸ 바다에 새우들이 있다. shrimp

❹ 바다에 오징어들이 있다. squid

의문 ❺ 바다에 상어들이 있니? shark

❻ 바다에 고래들이 있니? whale

❼ 바다에 오징어들이 있니? squid

❽ 바다에 새우들이 있니? shrimp

▶ 020

★ 우리말 뜻을 참고하여 영어로 표현하세요.

There are lots of ***flowers*** in the garden.

정원에 많은 꽃들이 있다.

Are there lots of ***flowers*** in the garden?

정원에 많은 꽃들이 있니?

☑ in the garden **정원에**

flower–flowers • plant–plants • tree–trees • tomato–tomatoes • bean–beans

응용 ① 정원에 많은 식물들이 있다. plant

② 정원에 많은 나무들이 있다. tree

③ 정원에 많은 토마토들이 있다. tomato

④ 정원에 많은 콩들이 있다. bean

의문 ⑤ 정원에 많은 나무들이 있니? tree

⑥ 정원에 많은 식물들이 있니? plant

⑦ 정원에 많은 콩들이 있니? bean

⑧ 정원에 많은 토마토들이 있니? tomato

Review

011-020 그림을 보고 영어로 말해 보세요.

011

012

013

014

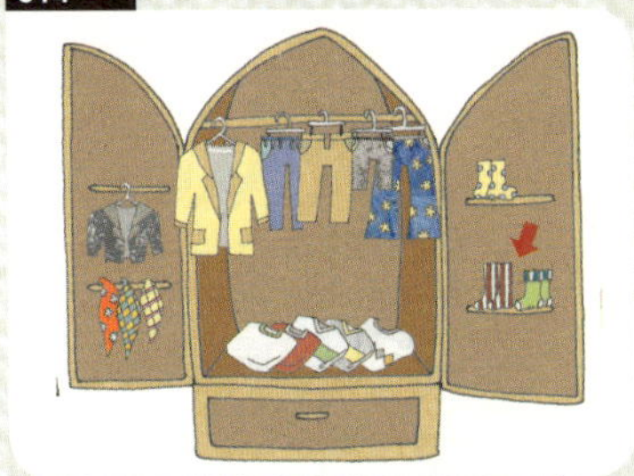

015

016

017

018

019

020

UNIT 03

be동사 + 형용사

시작 월 일 :

마침 월 일 :

☆ I'm *tall.* 나는 키가 크다.

I'm not *tall.* 나는 키가 크지 않다.

「주어+be동사+형용사」는 '주어는 …이다'라는 뜻으로 뒤에 오는 형용사(tall)가 주어(I)를 설명해 줍니다. be동사 뒤에 not을 붙이면 '주어는 …이 아니다'라는 부정문이 됩니다.

☆ Is he *tall?* 그는 키가 크니?

'주어는 …이니?', '주어는 …하니?'라는 의미의 be동사 의문문은 be동사 Is를 주어 앞으로 보내서 만듭니다.

Tip I'm은 무엇인가요?

I am의 줄임말이에요. be동사는 회화문에서 주로 줄여서 말해요.

- 주어+be동사: I am → I'm • She is → She's • He is → He's • You are → You're • We are → We're • They are → They're
- be동사+not: is not → isn't • are not → aren't

021

★ 우리말 뜻을 참고하여 영어로 표현하세요.

She is smart.

그녀는 똑똑하다.

She is not smart.

그녀는 똑똑하지 않다.

일치 ❶ 그는 똑똑하다. He

❷ 수잔은 똑똑하다. Susan

❸ 나는 똑똑하다. I

❹ 그들은 똑똑하다. They

부정 ❺ 수잔은 똑똑하지 않다. Susan

❻ 그는 똑똑하지 않다. He

❼ 그들은 똑똑하지 않다. They

❽ 나는 똑똑하지 않다. I

022

★ 우리말 뜻을 참고하여 영어로 표현하세요.

Chocolate is yummy.

초콜릿은 맛있다.

Is chocolate yummy?

초콜릿이 맛있니?

☑ yummy 맛있는

일치 ① 아이스크림은 맛있다. Ice cream

② 피자는 맛있다. Pizza

③ 과자는 맛있다. Cookies

④ 망고는 맛있다. Mangoes

의문 ⑤ 피자가 맛있니? pizza

⑥ 아이스크림이 맛있니? ice cream

⑦ 망고가 맛있니? mangoes

⑧ 과자가 맛있니? cookies

▶ 023

★ 우리말 뜻을 참고하여 영어로 표현하세요.

He is tall.
그는 키가 크다.

He is not tall.
그는 키가 크지 않다.

일치 ① 그녀는 키가 크다. She

② 수잔은 키가 크다. Susan

③ 내 친구들은 키가 크다. My friends

④ 내 친구 존은 키가 크다. My friend John

부정 ⑤ 수잔은 키가 크지 않다. Susan

⑥ 그녀는 키가 크지 않다. She

⑦ 내 친구 존은 키가 크지 않다. My friend John

⑧ 내 친구들은 키가 크지 않다. My friends

★ 우리말 뜻을 참고하여 영어로 표현하세요.

He is tall and handsome.

그는 키가 크고 잘생겼다.

Is he tall and handsome?

그는 키가 크고 잘생겼니?

☑ A and B A와 B

일치 ❶ 그녀의 오빠는 키가 크고 잘생겼다. Her brother

❷ 그의 선생님은 키가 크고 잘생겼다. His teacher

❸ 그들은 키가 크고 잘생겼다. They

❹ 존은 키가 크고 잘생겼다. John

의문 ❺ 그의 선생님은 키가 크고 잘생겼니? his teacher

❻ 그녀의 오빠는 키가 크고 잘생겼니? her brother

❼ 존은 키가 크고 잘생겼니? John

❽ 그들은 키가 크고 잘생겼니? they

★ 우리말 뜻을 참고하여 영어로 표현하세요.

She is short.
그녀는 키가 작다.

She is not short.
그녀는 키가 작지 않다.

✔ 우리 집, 우리 학교 등의 '우리'는 영어로 my(나의)라고 표현하는 게 자연스러워요.

일치 ❶ 케이트와 제인은 키가 작다. Kate and Jane

❷ 우리 누나는 키가 작다. My sister

❸ 우리 선생님은 키가 작다. My teacher

❹ 우리 형제들은 키가 작다. My brothers

부정 ❺ 우리 누나는 키가 작지 않다. My sister

❻ 케이트와 제인은 키가 작지 않다. Kate and Jane

❼ 우리 형제들은 키가 작지 않다. My brothers

❽ 우리 선생님은 키가 작지 않다. My teacher

026

★ 우리말 뜻을 참고하여 영어로 표현하세요.

She is short and chubby.
그녀는 키가 작고 통통하다.

Is she short and chubby?
그녀는 키가 작고 통통하니?

일치 ❶ 존은 키가 작고 통통하다. John

❷ 그의 누나는 키가 작고 통통하다. His sister

❸ 그녀의 남동생은 키가 작고 통통하다. Her brother

❹ 그들은 키가 작고 통통하다. They

의문 ❺ 그의 누나는 키가 작고 통통하니? his sister

❻ 존은 키가 작고 통통하니? John

❼ 그들은 키가 작고 통통하니? they

❽ 그녀의 남동생은 키가 작고 통통하니? her brother

027

★ 우리말 뜻을 참고하여 영어로 표현하세요.

My sister is very kind.
우리 누나는 아주 친절하다.

My sister is not very kind.
우리 누나는 아주 친절하지는 않다.

✔ very 아주, 매우

일치 ❶ 그의 형은 아주 친절하다. His brother

❷ 우리 선생님은 아주 친절하다. My teacher

❸ 우리 부모님은 아주 친절하다. My parents

❹ 우리 삼촌은 아주 친절하다. My uncle

부정 ❺ 우리 선생님은 아주 친절하지는 않다. My teacher

❻ 그의 형은 아주 친절하지는 않다. His brother

❼ 우리 삼촌은 아주 친절하지는 않다. My uncle

❽ 우리 부모님은 아주 친절하지는 않다. My parents

028

★ 우리말 뜻을 참고하여 영어로 표현하세요.

I am really happy.

나는 정말 행복하다.

I am not really happy.

나는 정말 행복하지 않다.

☑ really **정말**

일치 ❶ 우리 가족은 정말 행복하다. My family

❷ 피터는 정말 행복하다. Peter

❸ 그들은 정말 행복하다. They

❹ 우리는 정말 행복하다. We

부정 ❺ 피터는 정말 행복하지 않다. Peter

❻ 우리 가족은 정말 행복하지 않다. My family

❼ 우리는 정말 행복하지 않다. We

❽ 그들은 정말 행복하지 않다. They

029

★ 우리말 뜻을 참고하여 영어로 표현하세요.

He is often hungry.
그는 자주 배고파한다.

Is he often hungry?
그는 자주 배고파하니?

often 자주, 종종(늘 be동사 뒤에 놓여요.)

응용 ❶ 짐은 자주 배고파한다. Jim

❷ 그녀의 오빠는 자주 배고파한다. Her brother

❸ 그 아이들은 자주 배고파한다. The children

❹ 그는 자주 배고파한다. He

의문 ❺ 그녀의 오빠는 자주 배고파하니? her brother

❻ 짐은 자주 배고파하니? Jim

❼ 그는 자주 배고파하니? he

❽ 그 아이들은 자주 배고파하니? the children

030

★ 우리말 뜻을 참고하여 영어로 표현하세요.

This car is sometimes noisy.
이 자동차는 때때로 소음이 난다.

Is this car sometimes noisy?
이 자동차는 때때로 소음이 나니?

noisy 소음이 나는, 시끄러운 • sometimes 가끔, 때때로 • these 이(복수 명사 앞에서)

응용 ❶ 이 컴퓨터는 때때로 소음이 난다. This computer

❷ 이 선풍기는 때때로 소음이 난다. This electric fan

❸ 이 기계들은 때때로 소음이 난다. These machines

❹ 이 에어컨은 때때로 소음이 난다. This air conditioner

의문 ❺ 이 선풍기는 때때로 소음이 나니? this electric fan

❻ 이 컴퓨터는 때때로 소음이 나니? this computer

❼ 이 에어컨은 때때로 소음이 나니? this air conditioner

❽ 이 기계들은 때때로 소음이 나니? these machines

Review

021 - 030 그림을 보고 영어로 말해 보세요.

021

022

023

024

025

026

027

028

029

030

UNIT 04

be동사+동사-ing/동사-ed

시작 월 일 :

마침 월 일 :

☆ 주어 / be동사 / 동사-ing

The game **is** *exciting.* 그 게임은 재미있다.

• 게임=(사람들을) 재미있게 하는 것

「주어+be동사+동사-ing 형용사」는 '주어가 (누군가나 무언가를) …하게 하다'라는 의미입니다.

☆ 주어 / be동사 / 동사-ed

I **am** *bored.* 나는 지루하다.

• 나 ≠ 지루한 사람
나 = 지루하게 된 사람

「주어+be동사+동사-ed 형용사」는 '(누군가나 무언가에 의해) …하게 되다'라는 의미입니다.

031

★ 우리말 뜻을 참고하여 영어로 표현하세요.

The movie is exciting.
그 영화는 재미있다.

The movie is not exciting.
그 영화는 재미있지 않다.

☑ this(이, 이것)와 that(저, 저것)의 복수형은 각각 these(이, 이것들), those(저, 저것들)이에요.

일치 ❶ 그것은 재미있다. It

❷ 저것들은 재미있다. Those

❸ 이 게임은 재미있다. This game

❹ 이 게임들은 재미있다. These games

부정 ❺ 이 게임은 재미있지 않다. This game

❻ 저것들은 재미있지 않다. Those

❼ 이 게임들은 재미있지 않다. These games

❽ 그것은 재미있지 않다. It

★ 우리말 뜻을 참고하여 영어로 표현하세요.

John is excited about the movie.

존은 그 영화를 기대한다.

Is John excited about the movie?

존은 그 영화를 기대하니?

☑ be excited about …를 기대하다

일치 ❶ 진은 그 영화를 기대한다. Jean

❷ 그녀는 그 영화를 기대한다. She

❸ 그는 그 영화를 기대한다. He

❹ 그들은 그 영화를 기대한다. They

의문 ❺ 진은 그 영화를 기대하니? Jean

❻ 그녀는 그 영화를 기대하니? she

❼ 그는 그 영화를 기대하니? he

❽ 그들은 그 영화를 기대하니? they

▶ 033

★ 우리말 뜻을 참고하여 영어로 표현하세요.

Golf is interesting.
골프는 흥미롭다.

Is golf interesting?
골프는 흥미롭니?

☑ it(그것)의 복수형은 they(그것들)이에요.

일치 ❶ 여행은 흥미롭다. Traveling

❷ 영어는 흥미롭다. English

❸ 역사는 흥미롭다. History

❹ 그것들은 흥미롭다. They

의문 ❺ 영어는 흥미롭니? English

❻ 그것들은 흥미롭니? they

❼ 여행은 흥미롭니? traveling

❽ 역사는 흥미롭니? history

★ 우리말 뜻을 참고하여 영어로 표현하세요.

I am interested in cars.
나는 자동차에 흥미가 있다.

I am not interested in cars.
나는 자동차에 흥미가 없다.

☑ be interested in …에 흥미가 있다

일치 ① 남자아이들은 자동차에 흥미가 있다. Boys

② 내 친구는 자동차에 흥미가 있다. My friend

③ 존은 자동차에 흥미가 있다. John

④ 우리는 자동차에 흥미가 있다. We

부정 ⑤ 존은 자동차에 흥미가 없다. John

⑥ 내 친구는 자동차에 흥미가 없다. My friend

⑦ 남자아이들은 자동차에 흥미가 없다. Boys

⑧ 우리는 자동차에 흥미가 없다. We

▶ 035

★ 우리말 뜻을 참고하여 영어로 표현하세요.

American football is boring.
미식축구는 따분하다.

Is American football boring?
미식축구가 따분하니?

☑ boring 따분한, 재미없는

일치 ① 골프는 따분하다. Golf

② 테니스는 따분하다. Tennis

③ 수학은 따분하다. Math

④ 과학은 따분하다. Science

의문 ⑤ 테니스가 따분하니? tennis

⑥ 골프가 따분하니? golf

⑦ 과학이 따분하니? science

⑧ 수학이 따분하니? math

★ 우리말 뜻을 참고하여 영어로 표현하세요.

We are bored at school.
우리는 학교에서 따분하다.

We are not bored at school.
우리는 학교에서 따분하지 않다.

☑ bored (…에 의해) 따분한, 재미없는

일치 ❶ 나는 학교에서 따분하다. I

❷ 그들은 학교에서 따분하다. They

❸ 피터는 학교에서 따분하다. Peter

❹ 그녀는 학교에서 따분하다. She

부정 ❺ 그들은 학교에서 따분하지 않다. They

❻ 나는 학교에서 따분하지 않다. I

❼ 그녀는 학교에서 따분하지 않다. She

❽ 피터는 학교에서 따분하지 않다. Peter

▶ 037

★ 우리말 뜻을 참고하여 영어로 표현하세요.

Her sister is talented.

그녀의 언니는 재능이 있다.

Her sister is not talented.

그녀의 언니는 재능이 없다.

일치 ❶ 수잔은 재능이 있다. Susan

❷ 그 아이들은 재능이 있다. The children

❸ 너는 재능이 있다. You

❹ 그의 형은 재능이 있다. His brother

부정 ❺ 그 아이들은 재능이 없다. The children

❻ 그의 형은 재능이 없다. His brother

❼ 수잔은 재능이 없다. Susan

❽ 너는 재능이 없다. You

▶ 038

★ 우리말 뜻을 참고하여 영어로 표현하세요.

Her sister is talented at languages.
그녀의 언니는 언어에 재능이 있다.

Is her sister talented at languages?
그녀의 언니는 언어에 재능이 있니?

☑ talented at languages 언어에 재능이 있는

일치 ① 수잔은 언어에 재능이 있다. Susan

② 그 아이들은 언어에 재능이 있다. The children

③ 그녀는 언어에 재능이 있다. She

④ 그의 형은 언어에 재능이 있다. His brother

의문 ⑤ 그 아이들은 언어에 재능이 있니? the children

⑥ 그의 형은 언어에 재능이 있니? his brother

⑦ 수잔은 언어에 재능이 있니? Susan

⑧ 그녀는 언어에 재능이 있니? she

▶ 039

★ 우리말 뜻을 참고하여 영어로 표현하세요.

The bus is crowded.
버스가 붐빈다.

The bus is not crowded.
버스가 붐비지 않는다.

응용 ① 지하철이 붐빈다. The subway

② 비행기가 붐빈다. The airplane

③ 배가 붐빈다. The boat

④ 기차가 붐빈다. The trains

부정 ⑤ 비행기가 붐비지 않는다. The airplane

⑥ 기차가 붐비지 않는다. The trains

⑦ 지하철이 붐비지 않는다. The subway

⑧ 배가 붐비지 않는다. The boat

★ 우리말 뜻을 참고하여 영어로 표현하세요.

The bus is crowded with passengers.
버스가 승객들로 붐빈다.

Is the bus crowded with passengers?
버스가 승객들로 붐비니?

☑ be crowded with …로 붐비다

일치 ❶ 지하철이 승객들로 붐빈다. The subway

❷ 비행기가 승객들로 붐빈다. The airplane

❸ 배가 승객들로 붐빈다. The boat

❹ 기차가 승객들로 붐빈다. The trains

의문 ❺ 비행기가 승객들로 붐비니? the airplane

❻ 기차가 승객들로 붐비니? the trains

❼ 지하철이 승객들로 붐비니? the subway

❽ 배가 승객들로 붐비니? the boat

Review

031-040 그림을 보고 영어로 말해 보세요.

031

032

033

034

035

036

037

038

039

040

UNIT 05

be동사 + 명사 표현

시작 월 일 :

마침 월 일 :

☆ 주어 / be동사 / 명사 표현

He* is *a clever boy. 그는 영리한 소년이다.

'그는 영리하다.'는 앞서 배운 것처럼 'He is clever.'라고 형용사(clever)로 쓸 수도 있지만, 'He is a clever boy.'라고 명사 표현을 사용해 나타낼 수도 있습니다.

☆ **Is he *a clever boy*?** 그는 영리한 소년이니?

He is not *a clever boy.* 그는 영리한 소년이 아니다.

부정문과 의문문을 만드는 방법은 앞에 설명했던 be동사의 부정문과 의문문 만드는 것과 같습니다.

Tip 명사 표현이란 무엇인가요?

명사 혼자 쓰이거나 앞에 꾸며 주는 말이 오는 명사를 뜻해요.
꾸며 주는 말들과 함께 쓰이면 명사가 더 풍부한 의미를 갖게 돼요.
a boy 소년
a clever boy(명사 표현) 영리한 소년 ⋯→ clever(형용사) + a boy(명사)

▶ 041

★ 우리말 뜻을 참고하여 영어로 표현하세요.

She is a smart girl.
그녀는 똑똑한 소녀다.

She is not a smart girl.
그녀는 똑똑한 소녀가 아니다.

일치 ❶ 케이트는 똑똑한 소녀다. Kate

❷ 그의 누나는 똑똑한 소녀다. His sister

❸ 그녀의 사촌은 똑똑한 소녀다. Her cousin

❹ 진은 똑똑한 소녀다. Jean

부정 ❺ 그녀의 사촌은 똑똑한 소녀가 아니다. Her cousin

❻ 진은 똑똑한 소녀가 아니다. Jean

❼ 그의 누나는 똑똑한 소녀가 아니다. His sister

❽ 케이트는 똑똑한 소녀가 아니다. Kate

042

★ 우리말 뜻을 참고하여 영어로 표현하세요.

Dogs are nice pets.
개들은 좋은 반려동물이다.

Are dogs nice pets?
개들은 좋은 반려동물이니?

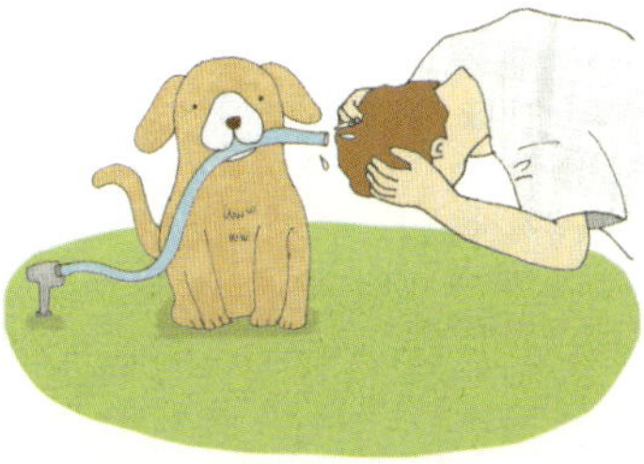

일치 ❶ 고양이들은 좋은 반려동물이다. Cats

❷ 강아지들은 좋은 반려동물이다. Puppies

❸ 새끼 고양이들은 좋은 반려동물이다. Kittens

❹ 햄스터들은 좋은 반려동물이다. Hamsters

의문 ❺ 고양이들은 좋은 반려동물이니? cats

❻ 강아지들은 좋은 반려동물이니? puppies

❼ 새끼 고양이들은 좋은 반려동물이니? kittens

❽ 햄스터들은 좋은 반려동물이니? hamsters

★ 우리말 뜻을 참고하여 영어로 표현하세요.

The piano is a beautiful instrument.

피아노는 멋진 악기다.

The piano isn't a beautiful instrument.

피아노는 멋진 악기가 아니다.

instrument 기구, 악기

일치 ① 첼로는 멋진 악기다. The cello

② 기타는 멋진 악기다. The guitar

③ 플루트는 멋진 악기다. The flute

④ 바이올린은 멋진 악기다. The violin

부정 ⑤ 기타는 멋진 악기가 아니다. The guitar

⑥ 첼로는 멋진 악기가 아니다. The cello

⑦ 바이올린은 멋진 악기가 아니다. The violin

⑧ 플루트는 멋진 악기가 아니다. The flute

★ 우리말 뜻을 참고하여 영어로 표현하세요.

Soccer is a fun sport.
축구는 재미있는 운동이다.

Is soccer a fun sport?
축구는 재미있는 운동이니?

일치 ① 농구는 재미있는 운동이다. Basketball

② 스키는 재미있는 운동이다. Skiing

③ 축구와 야구는 재미있는 운동들이다. Soccer and baseball

④ 스키와 스노보드는 재미있는 운동들이다. Skiing and snowboarding

의문 ⑤ 스키는 재미있는 운동이니? skiing

⑥ 농구는 재미있는 운동이니? basketball

⑦ 스키와 스노보드는 재미있는 운동들이니? skiing and snowboarding

⑧ 축구와 야구는 재미있는 운동들이니? soccer and baseball

045

★ 우리말 뜻을 참고하여 영어로 표현하세요.

Mexico is a hot country.

멕시코는 더운 나라다.

Is Mexico a hot country?

멕시코는 더운 나라니?

☑ hot 더운, 뜨거운 · country 나라

일치 ❶ 태국은 더운 나라다. Thailand

❷ 인도는 더운 나라다. India

❸ 남아프리카 공화국은 더운 나라다. South Africa

❹ 이집트는 더운 나라다. Egypt

의문 ❺ 인도는 더운 나라니? India

❻ 이집트는 더운 나라니? Egypt

❼ 태국은 더운 나라니? Thailand

❽ 남아프리카 공화국은 더운 나라니? South Africa

★ 우리말 뜻을 참고하여 영어로 표현하세요.

Angry Birds apps are free games.
앵그리버드 앱들은 무료 게임들이다.

Angry Birds apps are not free games.
앵그리버드 앱들은 무료 게임들이 아니다.

free 무료의; 자유의

일치 ① 저것들은 무료 게임들이다. Those

② 이 앱들은 무료 게임들이다. These apps

③ 그것들은 무료 게임들이다. They

④ 저 앱들은 무료 게임들이다. Those apps

부정 ⑤ 이 앱들은 무료 게임들이 아니다. These apps

⑥ 그것들은 무료 게임들이 아니다. They

⑦ 저것들은 무료 게임들이 아니다. Those

⑧ 저 앱들은 무료 게임들이 아니다. Those apps

Review

041-046 그림을 보고 영어로 말해 보세요.

041

042

043

044

045

046

UNIT 06

be동사 + 전치사구

시작 월 일 :

마침 월 일 :

☆ 주어 / be동사 / 전치사구

The school **is across** *the street.*

학교가 길 건너에 있다.

be동사 뒤에 장소를 나타내는 전치사가 오면 '(주어)가 …에 있다'라는 의미가 됩니다. 이렇게 be동사에는 '…이 있다'의 뜻이 있습니다. 전치사는 홀로 쓰이지 못하고 뒤에 명사(표현)이 와야 해요. 이렇게 [전치사+명사(표현)]을 전치사구라고 합니다.

☆ 전치사구

I'm Korean. = *I'm* **from** *Korea.*

나는 한국인이다. 나는 한국에서 왔다.

전치사는 원래의 뜻보다 숙어처럼 많이 사용되니 통째로 외우는 게 좋습니다.

- be from 나라 이름: …(나라)인이다
- be on one's way: 가는 중이다
- be into reading: 책 읽기에 빠지다
- be on the phone: 통화 중이다
- be on a diet: 다이어트 중이다

Tip 전치사는 뭔가요?

명사 앞에(前 앞 전) 쓰는 것으로 장소와 시간과 같은 추가적인 정보를 알려줘요.

★ 우리말 뜻을 참고하여 영어로 표현하세요.

The school is across the street.
학교가 길 건너에 있다.

Is the school across the street?
학교가 길 건너에 있니?

✓ across 건너에

응용 ① 우체국이 길 건너에 있다. The post office

② 상점들이 길 건너에 있다. The stores

③ 버스 정류장이 길 건너에 있다. The bus stop

④ 은행이 길 건너에 있다. The bank

의문 ⑤ 상점들이 길 건너에 있니? the stores

⑥ 우체국이 길 건너에 있니? the post office

⑦ 은행이 길 건너에 있니? the bank

⑧ 버스 정류장이 길 건너에 있니? the bus stop

★ 우리말 뜻을 참고하여 영어로 표현하세요.

His house is on the map.

그의 집은 지도에 나와 있다.

His house is not on the map.

그의 집은 지도에 나와 있지 않다.

✔ on (표면 위) …에

일치 ❶ 그 건물은 지도에 나와 있다. The building

❷ 그 아파트들은 지도에 나와 있다. The apartments

❸ 그 식당들은 지도에 나와 있다. The restaurants

❹ 이것들은 지도에 나와 있다. These

부정 ❺ 그 아파트들은 지도에 나와 있지 않다. The apartments

❻ 그 건물은 지도에 나와 있지 않다. The building

❼ 이것들은 지도에 나와 있지 않다. These

❽ 그 식당들은 지도에 나와 있지 않다. The restaurants

★ 우리말 뜻을 참고하여 영어로 표현하세요.

A milk carton is under the table.
우유 한 갑이 탁자 아래에 있다.

Is a milk carton under the table?
우유 한 갑이 탁자 아래에 있니?

carton 갑, 팩 • under … 아래에

일치 ① 우유 두 갑이이 탁자 아래에 있다. Two milk cartons

② 맥주병 하나가 탁자 아래에 있다. A beer bottle

③ 콜라 네 캔이 탁자 아래에 있다. Four coke cans

④ 피자 한 상자가 탁자 아래에 있다. A pizza box

의문 ⑤ 맥주병 하나가 탁자 아래에 있니? a beer bottle

⑥ 우유 두 곽이 탁자 아래에 있니? two milk cartons

⑦ 피자 한 상자가 탁자 아래에 있니? a pizza box

⑧ 콜라 네 캔이 탁자 아래에 있니? four coke cans

★ 우리말 뜻을 참고하여 영어로 표현하세요.

She is on a diet.
그녀는 다이어트 중이다.

Is she on a diet?
그녀는 다이어트 중이니?

☑ on a diet **다이어트 중인**

일치 ① 그는 다이어트 중이다. He

② 그녀의 이모는 다이어트 중이다. Her aunt

③ 케이트는 다이어트 중이다. Kate

④ 그들은 다이어트 중이다. They

의문 ⑤ 그녀의 이모는 다이어트 중이니? her aunt

⑥ 그는 다이어트 중이니? he

⑦ 그들은 다이어트 중이니? they

⑧ 케이트는 다이어트 중이니? Kate

▶ 051

★ 우리말 뜻을 참고하여 영어로 표현하세요.

My English teacher is from Canada.
우리 영어 선생님은 캐나다인이다.

My English teacher is not from Canada.
우리 영어 선생님은 캐나다인이 아니다.

일치 ❶ 제임스는 캐나다인이다. James

❷ 그들은 캐나다인들이다. They

❸ 사라는 캐나다인이다. Sarah

❹ 그의 친구들은 캐나다인들이다. His friends

부정 ❺ 사라는 캐나다인이 아니다. Sarah

❻ 제임스는 캐나다인이 아니다. James

❼ 그들은 캐나다인이 아니다. They

❽ 그의 친구들은 캐나다인들이 아니다. His friends

052

★ 우리말 뜻을 참고하여 영어로 표현하세요.

John is on the phone.
존은 통화 중이다.

Is John on the phone?
존은 통화 중이니?

✔ on the phone **통화 중인**

일치 ❶ 그는 통화 중이다. He

❷ 사라는 통화 중이다. Sarah

❸ 존과 사라는 통화 중이다. John and Sarah

❹ 그들은 통화 중이다. They

의문 ❺ 사라는 통화 중이니? Sarah

❻ 그는 통화 중이니? he

❼ 그들은 통화 중이니? they

❽ 존과 사라는 통화 중이니? John and Sarah

Review

047-052 그림을 보고 영어로 말해 보세요.

047

048

049

050

051

052

UNIT 07

일반동사 do

시작 　　월 　　일 　　:

마침 　　월 　　일 　　:

☆ *I* **do** *the assignment.* 나는 과제를 한다.

주어	동사(…를 하다)
I / You We / They	do ~
She He	does ~

☆ *I* **don't do** *the assignment.* 나는 과제를 하지 않는다.
Do you do *the assignment***?** 너는 과제를 하니?

	주어	조동사 do+not	동사원형 ('하다'의 do)
부정	I / You We / They	do not [don't]	do ~.
	She He	does not [doesn't]	
	조동사 Do	주어	동사원형 ('하다'의 do)
의문	Do	I / you we / they	do ~?
	Does	she he	

053

★ 우리말 뜻을 참고하여 영어로 표현하세요.

Peter does a good job.

피터는 일을 잘한다.

Peter doesn't do a good job.

피터는 일을 잘 못한다.

☑ do a good job (일 등을) 잘하다

일치 ❶ 그녀는 일을 잘한다. She

❷ 내 친구들은 일을 잘한다. My friends

❸ 그의 형은 일을 잘한다. His brother

❹ 그들은 일을 잘한다. They

부정 ❺ 그의 형은 일을 잘 못한다. His brother

❻ 내 친구들은 일을 잘 못한다. My friends

❼ 그들은 일을 잘 못한다. They

❽ 그녀는 일을 잘 못한다. She

054

★ 우리말 뜻을 참고하여 영어로 표현하세요.

Paul often ***does*** the dishes.
폴은 자주 설거지를 한다.

Does Paul often ***do*** the dishes?
폴은 자주 설거지를 하니?

☑ do the dishes 설거지를 하다

일치 ❶ 그녀의 언니는 자주 설거지를 한다. Her sister

❷ 그의 할머니는 자주 설거지를 하신다. His grandma

❸ 그들은 자주 설거지를 한다. They

❹ 그녀와 그녀의 언니는 자주 설거지를 한다. She and her sister

의문 ❺ 그들은 자주 설거지를 하니? they

❻ 그의 할머니는 자주 설거지를 하시니? his grandma

❼ 그녀와 그녀의 언니는 자주 설거지를 하니? she and her sister

❽ 그녀의 언니는 자주 설거지를 하니? her sister

055

★ 우리말 뜻을 참고하여 영어로 표현하세요.

She does her homework.
그녀는 숙제를 한다.

She doesn't do her homework.
그녀는 숙제를 하지 않는다.

☑ do one's homework 숙제를 하다

일치 ❶ 내 여동생은 숙제를 한다. My sister

❷ 내 여동생 진은 숙제를 한다. My sister Jean

❸ 그 여자아이는 숙제를 한다. The girl

❹ 메리는 숙제를 한다. Mary

부정 ❺ 그 여자아이는 숙제를 하지 않는다. The girl

❻ 내 여동생은 숙제를 하지 않는다. My sister

❼ 메리는 숙제를 하지 않는다. Mary

❽ 내 여동생 진은 숙제를 하지 않는다. My sister Jean

▶ 056

★ 우리말 뜻을 참고하여 영어로 표현하세요.

She does her homework on time.
그녀는 숙제를 제때 한다.

Does she do her homework on time?
그녀는 숙제를 제때 하니?

☑ on time 제 시간에, 제때에

일치 ❶ 그의 여동생은 숙제를 제때 한다. His sister

❷ 수잔은 숙제를 제때 한다. Susan

❸ 그녀의 사촌 케이트는 숙제를 제때 한다. Her cousin Kate

❹ 그녀의 친구 사라는 숙제를 제때 한다. Her friend Sarah

의문 ❺ 수잔은 숙제를 제때 하니? Susan

❻ 그의 여동생은 숙제를 제때 하니? his sister

❼ 그녀의 친구 사라는 숙제를 제때 하니? her friend Sarah

❽ 그녀의 사촌 케이트는 숙제를 제때 하니? her cousin Kate

★ 우리말 뜻을 참고하여 영어로 표현하세요.

She does her makeup.
그녀는 화상을 한다.

Does she do her makeup?
그녀는 화장을 하니?

✔ do one's makeup 화장을 하다

일치 ❶ 진은 화장을 한다. Jean

❷ 그녀의 엄마는 화장을 하신다. Her mom

❸ 그의 누나는 화장을 한다. His sister

❹ 그의 이모는 화장을 하신다. His aunt

의문 ❺ 그녀의 엄마는 화장을 하시니? her mom

❻ 진은 화장을 하니? Jean

❼ 그의 누나는 화장을 하니? his sister

❽ 그의 이모는 화장을 하시니? his aunt

058

★ 우리말 뜻을 참고하여 영어로 표현하세요.

She does her makeup in the morning.
그녀는 아침에 화장을 한다.

She doesn't do her makeup in the morning.
그녀는 아침에 화장을 하지 않는다.

☑ in the morning 아침에

일치 ❶ 사라는 아침에 화장을 한다. Sarah

❷ 우리 할머니는 아침에 화장을 하신다. My grandma

❸ 그의 이모는 아침에 화장을 하신다. His aunt

❹ 내 친구 사라는 아침에 화장을 한다. My friend Sarah

부정 ❺ 우리 할머니는 아침에 화장을 하시지 않는다. My grandma

❻ 사라는 아침에 화장을 하지 않는다. Sarah

❼ 내 친구 사라는 아침에 화장을 하지 않는다. My friend Sarah

❽ 그의 이모는 아침에 화장을 하시지 않는다. His aunt

Review

053- 058 그림을 보고 영어로 말해 보세요.

053

054

055

056

057

058

UNIT 08

일반동사 have

시작 월 일 :

마침 월 일 :

☆ *I* **have** *a computer.* 나는 컴퓨터를 가지고 있다.

일반동사 have는 '…을 가지고 있다' 또는 '…이 있다'라는 뜻입니다.

<table>
<tr><td>1인칭</td><td>I
We</td><td rowspan="3">have</td></tr>
<tr><td>2인칭</td><td>You</td></tr>
<tr><td>3인칭</td><td>They</td></tr>
</table>

☆ *I* **don't have** *a computer.* 나는 컴퓨터가 없다.
Do you have *a computer***?** 너는 컴퓨터를 가지고 있니?

일반동사는 조동사 do를 사용해서 부정문과 의문문을 만듭니다. 부정문을 만들 때는 do not[don't]을 have 앞에 붙이고, 의문문은 「Do+주어+have～?」로 씁니다.

Tip 조동사 do도 '…을 하다'는 뜻인가요?

조동사 do는 동사의 조수일 뿐 특별한 뜻은 없어요. 따라서 조동사 do 뒤에는 꼭 동사원형을 쓴답니다.

059

★ 우리말 뜻을 참고하여 영어로 표현하세요.

His parents have an apartment.
그의 부모님은 아파트를 가지고 있다.

His parents don't have an apartment.
그의 부모님은 아파트를 가지고 있지 않다.

일치 ❶ 우리는 아파트를 가지고 있다. We

❷ 그들은 아파트를 가지고 있다. They

❸ 나는 아파트를 가지고 있다. I

❹ 우리 이모들은 아파트를 가지고 있다. My aunts

부정 ❺ 그들은 아파트를 가지고 있지 않다. They

❻ 우리는 아파트를 가지고 있지 않다. We

❼ 우리 이모들은 아파트를 가지고 있지 않다. My aunts

❽ 나는 아파트를 가지고 있지 않다. I

★ 우리말 뜻을 참고하여 영어로 표현하세요.

His parents have an apartment in the downtown.
그의 부모님은 시내에 아파트를 가지고 있다.

Do his parents have an apartment in the downtown?
그의 부모님은 시내에 아파트를 가지고 있니?

☑ in the downtown 시내에

일치 ❶ 그의 친구들은 시내에 아파트를 가지고 있다. His friends

❷ 그들은 시내에 아파트를 가지고 있다. They

❸ 그녀의 삼촌들은 시내에 아파트를 가지고 있다. Her uncles

❹ 그의 이모들은 시내에 아파트를 가지고 있다. His aunts

의문 ❺ 그들은 시내에 아파트를 가지고 있니? they

❻ 그의 친구들은 시내에 아파트를 가지고 있니? his friends

❼ 그의 이모들은 시내에 아파트를 가지고 있니? his aunts

❽ 그녀의 삼촌들은 시내에 아파트를 가지고 있니? her uncles

★ 우리말 뜻을 참고하여 영어로 표현하세요.

They have a beautiful villa.

그들은 멋진 별장을 가지고 있다.

They don't have a beautiful villa.

그들은 멋진 별장을 가지고 있지 않다.

villa 별장

일치 ❶ 존과 메리는 멋진 별장을 가지고 있다. John and Mary

❷ 내 친구들은 멋진 별장을 가지고 있다. My friends

❸ 우리는 멋진 별장을 가지고 있다. We

❹ 그들은 멋진 별장을 가지고 있다. They

부정 ❺ 내 친구들은 멋진 별장을 가지고 있지 않다. My friends

❻ 존과 메리는 멋진 별장을 가지고 있지 않다. John and Mary

❼ 그들은 멋진 별장을 가지고 있지 않다. They

❽ 우리는 멋진 별장을 가지고 있지 않다. We

▶ 062

★ 우리말 뜻을 참고하여 영어로 표현하세요.

They have a beautiful villa in the country.
그들은 시골에 멋진 별장이 있다.

Do they have a beautiful villa in the country?
그들은 시골에 멋진 별장이 있니?

☑ in the country 시골에

일치 ① 존과 메리는 시골에 멋진 별장이 있다. John and Mary

② 그의 친구들은 시골에 멋진 별장이 있다. His friends

③ 그들은 시골에 멋진 별장이 있다. They

④ 그의 부모님은 시골에 멋진 별장이 있다. His parents

의문 ⑤ 그의 친구들은 시골에 멋진 별장이 있니? his friends

⑥ 존과 메리는 시골에 멋진 별장이 있니? John and Mary

⑦ 그의 부모님은 시골에 멋진 별장이 있니? his parents

⑧ 그들은 시골에 멋진 별장이 있니? they

▶ 063

★ 우리말 뜻을 참고하여 영어로 표현하세요.

My parents have a red car.

우리 부모님은 빨간색 자동차를 가지고 있다.

My parents do not have a red car.

우리 부모님은 빨간색 자동차를 가지고 있지 않다.

일치 ❶ 우리는 빨간색 자동차를 가지고 있다. We

❷ 피터와 진은 빨간색 자동차를 가지고 있다. Peter and Jean

❸ 그들은 빨간색 자동차를 가지고 있다. They

❹ 나는 빨간색 자동차를 가지고 있다. I

부정 ❺ 피터와 진은 빨간색 자동차를 가지고 있지 않다. Peter and Jean

❻ 우리는 빨간색 자동차를 가지고 있지 않다. We

❼ 나는 빨간색 자동차를 가지고 있지 않다. I

❽ 그들은 빨간색 자동차를 가지고 있지 않다. They

★ 우리말 뜻을 참고하여 영어로 표현하세요.

My coats have a zipper.
내 외투들은 지퍼가 있다.

My coats don't have a zipper.
내 외투들은 지퍼가 없다.

일치 ❶ 내 가방들은 지퍼가 있다. My bags

❷ 그녀의 지갑들은 지퍼가 있다. Her purses

❸ 그의 바지는 지퍼가 있다. His pants

❹ 이 배낭들은 지퍼가 있다. These backpacks

부정 ❺ 그녀의 지갑들은 지퍼가 없다. Her purses

❻ 내 가방들은 지퍼가 없다. My bags

❼ 이 배낭들은 지퍼가 없다. These backpacks

❽ 그의 바지는 지퍼가 없다. His pants

▶ 065

★ 우리말 뜻을 참고하여 영어로 표현하세요.

They have a test.
그들은 시험이 있다.

They don't have a test.
그들은 시험이 없다.

일치 ❶ 우리는 시험이 있다. We

❷ 나는 시험이 있다. I

❸ 그 학생들은 시험이 있다. The students

❹ 우리 형들은 시험이 있다. My brothers

부정 ❺ 나는 시험이 없다. I

❻ 우리는 시험이 없다. We

❼ 우리 형들은 시험이 없다. My brothers

❽ 그 학생들은 시험이 없다. The students

★ 우리말 뜻을 참고하여 영어로 표현하세요.

They have a test at school.
그들은 학교에서 시험이 있다.

Do they have a test at school?
그들은 학교에서 시험이 있니?

at school 학교에서

일치 ① 그녀의 남동생들은 학교에서 시험이 있다. Her brothers

② 폴과 메리는 학교에서 시험이 있다. Paul and Mary

③ 그 학생들은 학교에서 시험이 있다. The students

④ 그의 여동생들은 학교에서 시험이 있다. His sisters

의문 ⑤ 폴과 메리는 학교에서 시험이 있니? Paul and Mary

⑥ 그녀의 남동생들은 학교에서 시험이 있니? her brothers

⑦ 그의 여동생들은 학교에서 시험이 있니? his sisters

⑧ 그 학생들은 학교에서 시험이 있니? the students

▶ 067

★ 우리말 뜻을 참고하여 영어로 표현하세요.

I have breakfast at 8 o'clock.

나는 8시에 아침을 먹는다.

I don't have breakfast at 8 o'clock.

나는 8시에 아침을 먹지 않는다.

✔ have breakfast[lunch/dinner] 아침[점심/저녁]을 먹다 • at+숫자 …시에

일치 ❶ 우리는 8시에 아침을 먹는다. We

❷ 그들은 8시에 아침을 먹는다. They

❸ 우리 부모님은 8시에 아침을 드신다. My parents

❹ 우리 형과 나는 8시에 아침을 먹는다. My brother and I

부정 ❺ 그들은 8시에 아침을 먹지 않는다. They

❻ 우리는 8시에 아침을 먹지 않는다. We

❼ 우리 형과 나는 8시에 아침을 먹지 않는다. My brother and I

❽ 우리 부모님은 8시에 아침을 드시지 않는다. My parents

068

★ 우리말 뜻을 참고하여 영어로 표현하세요.

I have breakfast at 8 o'clock most days.

거의 매일 나는 8시에 아침을 먹는다.

I don't have breakfast at 8 o'clock most days.

거의 매일 나는 8시에 아침을 먹지 않는다.

✔ most days 거의 매일

일치 ❶ 거의 매일 우리는 8시에 아침을 먹는다. We

❷ 거의 매일 그들은 8시에 아침을 먹는다. They

❸ 거의 매일 우리 부모님은 8시에 아침을 드신다. My parents

❹ 거의 매일 우리 형과 나는 8시에 아침을 먹는다. My brother and I

부정 ❺ 거의 매일 그들은 8시에 아침을 먹지 않는다. They

❻ 거의 매일 우리는 8시에 아침을 먹지 않는다. We

❼ 거의 매일 우리 형과 나는 8시에 아침을 먹지 않는다. My brother and I

❽ 거의 매일 우리 부모님은 8시에 아침을 드시지 않는다. My parents

Review

059- 068 그림을 보고 영어로 말해 보세요.

059

060

061

062

063

064

065

066

067

068

UNIT 09

has

시작 월 일 :

마침 월 일 :

☆ *She* **has** *a computer.* 그녀는 컴퓨터가 있다.

주어가 3인칭 단수일 때는 have 대신 has를 씁니다.

3인칭	
She He It	has

☆ *She* **doesn't have** *a computer.*

그녀는 컴퓨터가 없다.

Does she have *a computer*?

그녀는 컴퓨터를 가지고 있니?

부정문을 만들 때는 does not 또는 doesn't를 have 앞에 붙입니다. 의문문은 「Does+주어+have ~?」로 씁니다. 이때 has는 조동사 뒤에 오기 때문에 원형인 have로 바뀝니다.

069

★ 우리말 뜻을 참고하여 영어로 표현하세요.

Susan has two brothers.

수잔은 오빠가 두 명 있다.

Does Susan have two brothers?

수잔은 오빠가 두 명 있니?

일치 ❶ 제임스는 형이 두 명 있다. James

❷ 그녀의 어머니는 오빠가 두 명 있다. Her mother

❸ 그의 친구 짐은 형이 두 명 있다. His friend Jim

❹ 그녀의 사촌은 오빠가 두 명 있다. Her cousin

의문 ❺ 그녀의 어머니는 오빠가 두 명 있니? her mother

❻ 제임스는 형이 두 명 있니? James

❼ 그녀의 사촌은 오빠가 두 명 있니? her cousin

❽ 그의 친구 짐은 형이 두 명 있니? his friend Jim

★ 우리말 뜻을 참고하여 영어로 표현하세요.

Susan has two brothers and one sister.
수잔은 오빠 두 명과 언니 한 명이 있다.

Does Susan have two brothers and one sister?
수잔은 오빠 두 명과 언니 한 명이 있니?

일치 ① 제임스는 형 두 명과 누나 한 명이 있다. James

② 그녀의 어머니는 오빠 두 명과 언니 한 명이 있다. Her mother

③ 그의 친구 짐은 형 두 명과 여동생 한 명이 있다. His friend Jim

④ 그녀의 사촌은 오빠 두 명과 언니 한 명이 있다. Her cousin

의문 ⑤ 그녀의 어머니는 오빠 두 명과 언니 한 명이 있니? her mother

⑥ 제임스는 형 두 명과 누나 한 명이 있니? James

⑦ 그녀의 사촌은 오빠 두 명과 언니 한 명이 있니? her cousin

⑧ 그의 친구 짐은 형 두 명과 여동생 한 명이 있니? his friend Jim

▶ 071

★ 우리말 뜻을 참고하여 영어로 표현하세요.

He has a driver's license.

그는 운전 면허증이 있다.

He doesn't have a driver's license.

그는 운전 면허증이 없다.

☑ license 면허, 허가

일치 ① 우리 누나는 운전 면허증이 있다. My sister

② 그녀의 남동생은 운전 면허증이 있다. Her brother

③ 제임스는 운전 면허증이 있다. James

④ 우리 엄마는 운전 면허증이 있다. My mom

부정 ⑤ 우리 누나는 운전 면허증이 없다. My sister

⑥ 그녀의 남동생은 운전 면허증이 없다. Her brother

⑦ 제임스는 운전 면허증이 없다. James

⑧ 우리 엄마는 운전 면허증이 없다. My mom

072

★ 우리말 뜻을 참고하여 영어로 표현하세요.

He has awesome plans.
그는 기막히게 좋은 계획들이 있다.

Does he have awesome plans?
그는 기막히게 좋은 계획들이 있니?

☑ awesome 아주 멋진, 기막히게 좋은

일치 ❶ 제임스는 기막히게 좋은 계획들이 있다. James

❷ 그녀는 기막히게 좋은 계획들이 있다. She

❸ 그의 친구는 기막히게 좋은 계획들이 있다. His friend

❹ 그녀의 아빠는 기막히게 좋은 계획들이 있다. Her dad

의문 ❺ 제임스는 기막히게 좋은 계획들이 있니? James

❻ 그의 친구는 기막히게 좋은 계획들이 있니? his friend

❼ 그녀의 아빠는 기막히게 좋은 계획들이 있니? her dad

❽ 그녀는 기막히게 좋은 계획들이 있니? she

★ 우리말 뜻을 참고하여 영어로 표현하세요.

He has lots of friends.
그는 친구가 많다.

Does he have lots of friends?
그는 친구가 많니?

✔ lots of 많은(= many)

응용 ❶ 제임스는 친구가 많다. James

❷ 그의 형은 친구가 많다. His brother

❸ 그녀는 친구가 많다. She

❹ 그녀의 아빠는 친구가 많다. Her dad

의문 ❺ 제임스는 친구가 많니? James

❻ 그의 형은 친구가 많니? his brother

❼ 그녀는 친구가 많니? she

❽ 그녀의 아빠는 친구가 많니? her dad

★ 우리말 뜻을 참고하여 영어로 표현하세요.

Paul has some comic books.
폴은 만화책을 조금 가지고 있다.

Does Paul have any comic books?
폴은 만화책을 조금 가지고 있니?

comic book 만화책 • 의문문에서는 보통 some 대신 any를 씁니다.

일치 ❶ 그 남자아이는 만화책을 조금 가지고 있다. The boy

❷ 그는 만화책을 조금 가지고 있다. He

❸ 그녀는 만화책을 조금 가지고 있다. She

❹ 피터는 만화책을 조금 가지고 있다. Peter

의문 ❺ 피터는 만화책을 조금 가지고 있니? Peter

❻ 그는 만화책을 조금 가지고 있니? he

❼ 그 남자아이는 만화책을 조금 가지고 있니? the boy

❽ 그녀는 만화책을 조금 가지고 있니? she

075

★ 우리말 뜻을 참고하여 영어로 표현하세요.

The boy has many toys.

그 남자아이는 장난감이 많다.

The boy doesn't have many toys.

그 남자아이는 장난감이 많지 않다.

일치 ❶ 폴은 장난감이 많다. Paul

❷ 그녀는 장난감이 많다. She

❸ 내 남동생은 장난감이 많다. My brother

❹ 그 아이는 장난감이 많다. The child

부정 ❺ 내 남동생은 장난감이 많지 않다. My brother

❻ 그 아이는 장난감이 많지 않다. The child

❼ 폴은 장난감이 많지 않다. Paul

❽ 그녀는 장난감이 많지 않다. She

★ 우리말 뜻을 참고하여 영어로 표현하세요.

The boy has many toys and puzzles.
그 남자아이는 장난감과 퍼즐이 많다.

The boy doesn't have many toys and puzzles.
그 남자아이는 장난감과 퍼즐이 많지 않다.

puzzle 조각 그림

일치 ① 폴은 장난감과 퍼즐이 많다. Paul

② 그는 장난감과 퍼즐이 많다. He

③ 내 남동생은 장난감과 퍼즐이 많다. My brother

④ 그 아이는 장난감과 퍼즐이 많다. The child

부정 ⑤ 내 남동생은 장난감과 퍼즐이 많지 않다. My brother

⑥ 그 아이는 장난감과 퍼즐이 많지 않다. The child

⑦ 폴은 장난감과 퍼즐이 많지 않다. Paul

⑧ 그는 장난감과 퍼즐이 많지 않다. He

★ 우리말 뜻을 참고하여 영어로 표현하세요.

She has several coins.

그녀는 동전 여러 개가 있다.

Does she have several coins?

그녀는 동전 여러 개가 있니?

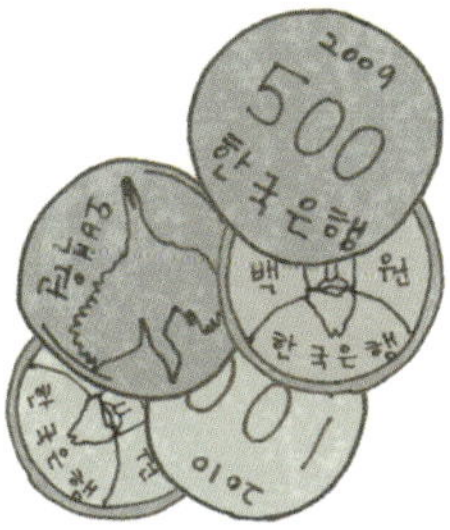

several(몇몇의, 여러 개의)은 a few(몇 개의)보다는 많고, many와 a lot of(많은)보다는 적은 수를 나타내요.

일치 ① 그는 동전 여러 개가 있다. He

② 그의 남동생은 동전 여러 개가 있다. His brother

③ 짐은 동전 여러 개가 있다. Jim

④ 그녀의 친구는 동전 여러 개가 있다. Her friend

의문 ⑤ 짐은 동전 여러 개가 있니? Jim

⑥ 그의 남동생은 동전 여러 개가 있니? his brother

⑦ 그는 동전 여러 개가 있니? he

⑧ 그녀의 친구는 동전 여러 개가 있니? her friend

078

★ 우리말 뜻을 참고하여 영어로 표현하세요.

She has several coins in her pocket.

그녀는 주머니에 동전 여러 개가 있다.

Does she have several coins in her pocket?

그녀는 주머니에 동전 여러 개가 있니?

☑ in one's pocket …의 주머니에

일치 ① 사라는 주머니에 동전 여러 개가 있다. Sarah

② 그의 누나는 주머니에 동전 여러 개가 있다. His sister

③ 그의 여자친구는 주머니에 동전 여러 개가 있다. His girlfriend

④ 그의 친구 메리는 주머니에 동전 여러 개가 있다. His friend Mary

의문 ⑤ 그의 누나는 주머니에 동전 여러 개가 있니? his sister

⑥ 사라는 주머니에 동전 여러 개가 있니? Sarah

⑦ 그의 친구 메리는 주머니에 동전 여러 개가 있니? his friend Mary

⑧ 그의 여자친구는 주머니에 동전 여러 개가 있니? his girlfriend

Review

069- 078 그림을 보고 영어로 말해 보세요.

069

070

071

072

073

074

075

076

077

078

UNIT

10

일반동사 make

시작 월 일 :

마침 월 일 :

☆ ***I* make *soup.*** 나는 수프를 만든다.

「make+*A*」는 'A를 만들다'라는 뜻으로 make 뒤에 만드는 대상이 옵니다.

☆ ***He* makes *mistakes.*** 그는 실수를 한다.

「make+*A*」는 마치 do처럼 'A를 하다'라는 의미로 쓰이기도 합니다. 주어가 3인칭 단수일 때 makes로 씁니다.

☆ ***We* do not make *mistakes.*** 우리는 실수를 하지 않는다.

Do you make *mistakes*? 너는 실수를 하니?

부정문을 만들 때는 do not[does not]을 make 앞에 붙이고, 의문문은 Do[Does]로 시작합니다.

★ 우리말 뜻을 참고하여 영어로 표현하세요.

They make snowmen.
그들은 눈사람들을 만든다.

They don't make snowmen.
그들은 눈사람들을 만들지 않는다.

snowman-snowmen

일치 ❶ 우리는 눈사람들을 만든다. We

❷ 내 남동생은 눈사람들을 만든다. My brother

❸ 내 남동생과 나는 눈사람들을 만든다. My brother and I

❹ 피터는 눈사람들을 만든다. Peter

부정 ❺ 내 남동생은 눈사람들을 만들지 않는다. My brother

❻ 내 남동생과 나는 눈사람들을 만들지 않는다. My brother and I

❼ 피터는 눈사람들을 만들지 않는다. Peter

❽ 우리는 눈사람들을 만들지 않는다. We

★ 우리말 뜻을 참고하여 영어로 표현하세요.

They make snowmen in winter.

그들은 겨울에 눈사람들을 만든다.

Do they make snowmen in winter?

그들은 겨울에 눈사람을 만드니?

☑ in winter **겨울에**

일치 ❶ 그 아이들은 겨울에 눈사람들을 만든다. The children

❷ 그의 친구들은 겨울에 눈사람들을 만든다. His friends

❸ 그들은 겨울에 눈사람들을 만든다. They

❹ 그의 남동생은 겨울에 눈사람들을 만든다. His brother

의문 ❺ 그의 친구들은 겨울에 눈사람들을 만드니? his friends

❻ 그 아이들은 겨울에 눈사람들을 만드니? the children

❼ 그의 남동생은 겨울에 눈사람들을 만드니? his brother

❽ 그들은 겨울에 눈사람들을 만드니? they

★ 우리말 뜻을 참고하여 영어로 표현하세요.

She makes soup.
그녀는 수프를 만든다.

Does she make soup?
그녀는 수프를 만드니?

일치 ❶ 그녀의 엄마는 수프를 만든다. Her mom

❷ 메리는 수프를 만든다. Mary

❸ 그들은 수프를 만든다. They

❹ 그의 누나는 수프를 만든다. His sister

의문 ❺ 그의 누나는 수프를 만드니? his sister

❻ 그들은 수프를 만드니? they

❼ 메리는 수프를 만드니? Mary

❽ 그녀의 엄마는 수프를 만드니? her mom

★ 우리말 뜻을 참고하여 영어로 표현하세요.

She makes soup in a big pot.
그녀는 커다란 냄비에 수프를 만든다.

She does not make soup in a big pot.
그녀는 커다란 냄비에 수프를 만들지 않는다.

☑ in a big pot 커다란 냄비에

일치 ❶ 우리 할머니는 커다란 냄비에 수프를 만든다. My grandma

❷ 우리 언니는 커다란 냄비에 수프를 만든다. My sister

❸ 우리는 커다란 냄비에 수프를 만든다. We

❹ 그녀의 고모는 커다란 냄비에 수프를 만든다. Her aunt

부정 ❺ 우리 언니는 커다란 냄비에 수프를 만들지 않는다. My sister

❻ 우리는 커다란 냄비에 수프를 만들지 않는다. We

❼ 우리 할머니는 커다란 냄비에 수프를 만들지 않는다. My grandma

❽ 그녀의 고모는 커다란 냄비에 수프를 만들지 않는다. Her aunt

083

★ 우리말 뜻을 참고하여 영어로 표현하세요.

They make lunch together.
그들은 함께 점심을 만든다.

Do they make lunch together?
그들은 함께 점심을 만드니?

일치 ❶ 그의 가족은 함께 점심을 만든다. His family

❷ 그녀와 그녀의 엄마는 함께 점심을 만든다. She and her mom

❸ 그녀와 진은 함께 점심을 만든다. She and Jean

❹ 그녀의 친구들은 함께 점심을 만든다. Her friends

의문 ❺ 그녀와 그녀의 엄마는 함께 점심을 만드니? she and her mom

❻ 그녀의 친구들은 함께 점심을 만드니? her friends

❼ 그의 가족은 함께 점심을 만드니? his family

❽ 그녀와 진은 함께 점심을 만드니? she and Jean

★ 우리말 뜻을 참고하여 영어로 표현하세요.

My aunt makes a birthday cake.
우리 이모는 생일 케이크를 만든다.

My aunt doesn't make a birthday cake.
우리 이모는 생일 케이크를 만들지 않는다.

일치 ❶ 그의 누나는 생일 케이크를 만든다. His sister

❷ 우리 엄마는 생일 케이크를 만든다. My mom

❸ 우리 엄마와 나는 생일 케이크를 만든다. My mom and I

❹ 진은 생일 케이크를 만든다. Jean

부정 ❺ 진은 생일 케이크를 만들지 않는다. Jean

❻ 우리 엄마와 나는 생일 케이크를 만들지 않는다. My mom and I

❼ 그의 누나는 생일 케이크를 만들지 않는다. His sister

❽ 우리 엄마는 생일 케이크를 만들지 않는다. My mom

★ 우리말 뜻을 참고하여 영어로 표현하세요.

I make many friends in school.
나는 학교에서 친구들을 많이 사귄다.

I do not make many friends in school.
나는 학교에서 친구들을 많이 사귀지 않는다.

☑ make friends **친구를 사귀다**

일치 ① 우리 형은 학교에서 친구들을 많이 사귄다. My brother

② 우리 형과 나는 학교에서 친구들을 많이 사귄다. My brother and I

③ 그녀는 학교에서 친구들을 많이 사귄다. She

④ 폴은 학교에서 친구들을 많이 사귄다. Paul

부정 ⑤ 그녀는 학교에서 친구들을 많이 사귀지 않는다. She

⑥ 우리 형은 학교에서 친구들을 많이 사귀지 않는다. My brother

⑦ 우리 형과 나는 학교에서 친구들을 많이 사귀지 않는다. My brother and I

⑧ 폴은 학교에서 친구들을 많이 사귀지 않는다. Paul

★ 우리말 뜻을 참고하여 영어로 표현하세요.

Susan makes a phone call.
수잔은 전화를 한다.

Does Susan make a phone call?
수잔은 전화를 하니?

make a phone call 전화를 하다, 전화를 걸다

일치 ❶ 그녀의 아빠는 전화를 한다. Her dad

❷ 제임스는 전화를 한다. James

❸ 그의 형은 전화를 한다. His brother

❹ 그녀의 언니는 전화를 한다. Her sister

의문 ❺ 그의 형은 전화를 하니? his brother

❻ 제임스는 전화를 하니? James

❼ 그녀의 아빠는 전화를 하니? her dad

❽ 그녀의 언니는 전화를 하니? her sister

087

★ 우리말 뜻을 참고하여 영어로 표현하세요.

He makes mistakes.

그는 실수들을 한다.

He doesn't make mistakes.

그는 실수들을 하지 않는다.

✔ make mistakes 실수를 하다

응용 ① 그들은 실수들을 한다. They

② 내 남동생은 실수들을 한다. My brother

③ 나는 실수들을 한다. I

④ 그의 누나는 실수들을 한다. His sister

부정 ⑤ 나는 실수들을 하지 않는다. I

⑥ 그들은 실수들을 하지 않는다. They

⑦ 내 남동생은 실수들을 하지 않는다. My brother

⑧ 그의 누나는 실수들을 하지 않는다. His sister

★ 우리말 뜻을 참고하여 영어로 표현하세요.

He sometimes ***makes*** mistakes in grammar.
그는 때때로 문법에서 실수들을 한다.

Does he sometimes ***make*** mistakes in grammar?
그는 때때로 문법에서 실수들을 하니?

sometimes 때때로, 가끔 · in grammar 문법상의, 문법에서

일치 ❶ 그 학생들은 때때로 문법에서 실수들을 한다. The students

❷ 그녀는 때때로 문법에서 실수들을 한다. She

❸ 그들은 때때로 문법에서 실수들을 한다. They

❹ 폴은 때때로 문법에서 실수들을 한다. Paul

의문 ❺ 그녀는 때때로 문법에서 실수들을 하니? she

❻ 그 학생들은 때때로 문법에서 실수들을 하니? the students

❼ 폴은 때때로 문법에서 실수들을 하니? Paul

❽ 그들은 때때로 문법에서 실수들을 하니? they

Review

079- 088 그림을 보고 영어로 말해 보세요.

079

080

081

082

083

084

085

086

087

088

UNIT

11

make+A+B

시작 월 일 :

마침 월 일 :

☆ *I* **make** *him angry.* 내가 그를 화나게 한다.

내가 …하게 하다 그를 화난(형용사)

She **makes** *him cry.* 그녀가 그를 울게 한다.

그녀가 …하게 하다 그를 울다(동사)

「주어+make+*A*+*B*」는 '주어가 A를 B하게 하다'라는 뜻입니다. B 자리에 형용사, 동사원형이 올 수 있어요.

☆ *I* **don't make** *him angry.* 나는 그를 화나게 하지 않는다.

Does she make *him cry***?** 그녀가 그를 울게 하니?

부정문을 만들 때는 do not[does not]을 make 앞에 붙이고, 의문문은 Do[Does]로 시작합니다.

★ 우리말 뜻을 참고하여 영어로 표현하세요.

Traveling makes him happy.
여행은 그를 행복하게 한다.

Does traveling make him happy?
여행이 그를 행복하게 하니?

일치 ❶ 음식은 그를 행복하게 한다. Food

❷ 스포츠는 그를 행복하게 한다. Sports

❸ 운동은 그를 행복하게 한다. Exercise

❹ 문자하는 것이 그를 행복하게 한다. Texting

의문 ❺ 문자하는 것이 그를 행복하게 하니? texting

❻ 스포츠가 그를 행복하게 하니? sports

❼ 음식이 그를 행복하게 하니? food

❽ 운동이 그를 행복하게 하니? exercise

★ 우리말 뜻을 참고하여 영어로 표현하세요.

Running makes her tired.
달리기는 그녀를 피곤하게 한다.

Running doesn't make her tired.
달리기는 그녀를 피곤하게 하지 않는다.

☑ tired (…로 인해) 피곤한, 피곤해진

일치 ❶ 집안일은 그녀를 피곤하게 한다. Housework

❷ 등산은 그녀를 피곤하게 한다. Climbing

❸ 알레르기는 그녀를 피곤하게 한다. Allergies

❹ 기다리는 것이 그녀를 피곤하게 한다. Waiting

부정 ❺ 등산은 그녀를 피곤하게 하지 않는다. Climbing

❻ 알레르기는 그녀를 피곤하게 하지 않는다. Allergies

❼ 집안일은 그녀를 피곤하게 하지 않는다. Housework

❽ 기다리는 것은 그녀를 피곤하게 하지 않는다. Waiting

091

★ 우리말 뜻을 참고하여 영어로 표현하세요.

Jim makes Mom glad.

짐은 엄마를 기쁘게 한다.

Jim doesn't make Mom glad.

짐은 엄마를 기쁘게 하지 않는다.

일치 ❶ 그녀는 엄마를 기쁘게 한다. She

❷ 그들은 엄마를 기쁘게 한다. They

❸ 그 남자아이는 엄마를 기쁘게 한다. The boy

❹ 그의 형은 엄마를 기쁘게 한다. His brother

부정 ❺ 그 남자아이는 엄마를 기쁘게 하지 않는다. The boy

❻ 그녀는 엄마를 기쁘게 하지 않는다. She

❼ 그들은 엄마를 기쁘게 하지 않는다. They

❽ 그의 형은 엄마를 기쁘게 하지 않는다. His brother

092

★ 우리말 뜻을 참고하여 영어로 표현하세요.

Organic food makes people healthy.
유기농 식품은 사람들을 건강하게 한다.

Does organic food make people healthy?
유기농 식품은 사람들을 건강하게 하니?

일치 ❶ 과일은 사람들을 건강하게 한다. Fruit

❷ 채소들은 사람들을 건강하게 한다. Vegetables

❸ 규칙적인 운동은 사람들을 건강하게 한다. Regular exercise

❹ 산책은 사람들을 건강하게 한다. Walking

의문 ❺ 산책이 사람들을 건강하게 하니? walking

❻ 채소들이 사람들을 건강하게 하니? vegetables

❼ 규칙적인 운동이 사람들을 건강하게 하니? regular exercise

❽ 과일이 사람들을 건강하게 하니? fruit

093

★ 우리말 뜻을 참고하여 영어로 표현하세요.

The joke makes you laugh.

그 농담이 너를 웃게 한다.

Does the joke make you laugh?

그 농담이 너를 웃게 하니?

일치 ❶ 그 어릿광대가 너를 웃게 한다. The clown

❷ 그의 메시지가 너를 웃게 한다. His message

❸ 제임스가 너를 웃게 한다. James

❹ 그 개 옷이 너를 웃게 한다. The dog clothes

의문 ❺ 그의 메시지가 너를 웃게 하니? his message

❻ 그 개 옷이 너를 웃게 하니? the dog clothes

❼ 그 어릿광대가 너를 웃게 하니? the clown

❽ 제임스가 너를 웃게 하니? James

★ 우리말 뜻을 참고하여 영어로 표현하세요.

Water makes trees grow.
물이 나무들을 자라게 한다.

Does water make trees grow?
물이 나무들을 자라게 하니?

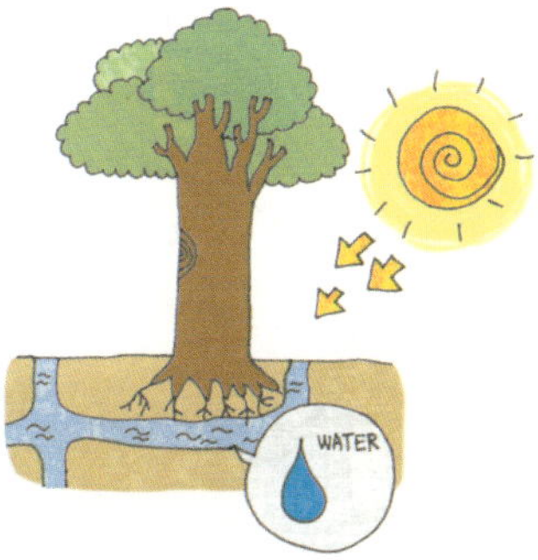

일치 ❶ 햇빛이 나무들을 자라게 한다. Sunlight

❷ 공기가 나무들을 자라게 한다. Air

❸ 비가 나무들을 자라게 한다. Rain

❹ 온기가 나무들을 자라게 한다. Warmth

의문 ❺ 온기가 나무들을 자라게 하니? warmth

❻ 햇빛이 나무들을 자라게 하니? sunlight

❼ 공기가 나무들을 자라게 하니? air

❽ 비가 나무들을 자라게 하니? rain

095

★ 우리말 뜻을 참고하여 영어로 표현하세요.

The repairman makes the printer work.
수리 기사가 프린터를 작동하게 한다.

Does the repairman make
the printer work?
수리 기사가 프린터를 작동하게 하니?

일치 ❶ 그가 프린터를 작동하게 한다. He

❷ 그녀의 삼촌이 프린터를 작동하게 한다. Her uncle

❸ 그녀가 프린터를 작동하게 한다. She

❹ 피터가 프린터를 작동하게 한다. Peter

의문 ❺ 그녀의 삼촌이 프린터를 작동하게 하니? her uncle

❻ 피터가 프린터를 작동하게 하니? Peter

❼ 그가 프린터를 작동하게 하니? he

❽ 그녀가 프린터를 작동하게 하니? she

★ 우리말 뜻을 참고하여 영어로 표현하세요.

The teacher makes him study hard.

선생님은 그가 열심히 공부하게 한다.

Does the teacher make him study hard?

선생님은 그가 열심히 공부하게 하니?

일치 ❶ 그의 아버지는 그가 열심히 공부하게 한다. His father

❷ 그의 부모님은 그가 열심히 공부하게 한다. His parents

❸ 그녀는 그가 열심히 공부하게 한다. She

❹ 그들은 그가 열심히 공부하게 한다. They

의문 ❺ 그녀는 그가 열심히 공부하게 하니? she

❻ 그의 부모님은 그가 열심히 공부하게 하니? his parents

❼ 그의 아버지는 그가 열심히 공부하게 하니? his father

❽ 그들은 그가 열심히 공부하게 하니? they

Review

089-096 그림을 보고 영어로 말해 보세요.

089

090

091

092

093

094

095

096

UNIT
12
일반동사 want

시작 ___ 월 ___ 일 ___ :

마침 ___ 월 ___ 일 ___ :

☆ *I* **want** *a new smartphone.* 나는 새 스마트폰을 갖고 싶다.

want는 '원하다', '갖고 싶다'라는 뜻으로 want 뒤에 갖고 싶은 것이 옵니다.

☆ *I* **don't want** *a new smartphone.*

나는 새 스마트폰을 갖고 싶지 않다.

Do you want *a new smartphone***?**

너는 새 스마트폰을 갖고 싶니?

부정문을 만들 때는 do not[does not]을 want 앞에 붙이고, 의문문은 Do[Does]로 시작합니다.

097

★ 우리말 뜻을 참고하여 영어로 표현하세요.

She wants a violin.
그녀는 바이올린을 원한다.

She doesn't want a violin.
그녀는 바이올린을 원하지 않는다.

일치 ❶ 그녀의 언니는 바이올린을 원한다. Her sister

❷ 수잔은 바이올린을 원한다. Susan

❸ 내 남동생은 바이올린을 원한다. My brother

❹ 내 친구 톰은 바이올린을 원한다. My friend Tom

부정 ❺ 수잔은 바이올린을 원하지 않는다. Susan

❻ 내 친구 톰은 바이올린을 원하지 않는다. My friend Tom

❼ 그녀의 언니는 바이올린을 원하지 않는다. Her sister

❽ 내 남동생은 바이올린을 원하지 않는다. My brother

098

★ 우리말 뜻을 참고하여 영어로 표현하세요.

I want a new computer.

나는 새 컴퓨터를 원한다.

I don't want a new computer.

나는 새 컴퓨터를 원하지 않는다.

일치 ❶ 우리 형은 새 컴퓨터를 원한다. My brother

❷ 그녀는 새 컴퓨터를 원한다. She

❸ 내 친구는 새 컴퓨터를 원한다. My friend

❹ 그들은 새 컴퓨터를 원한다. They

부정 ❺ 내 친구는 새 컴퓨터를 원하지 않는다. My friend

❻ 그들은 새 컴퓨터를 원하지 않는다. They

❼ 우리 형은 새 컴퓨터를 원하지 않는다. My brother

❽ 그녀는 새 컴퓨터를 원하지 않는다. She

★ 우리말 뜻을 참고하여 영어로 표현하세요.

Jim wants a good job.

짐은 좋은 일자리를 원한다.

Does Jim want a good job?

짐은 좋은 일자리를 원하니?

일치 ❶ 그는 좋은 일자리를 원한다. He

❷ 그녀의 엄마는 좋은 일자리를 원한다. Her mom

❸ 그녀는 좋은 일자리를 원한다. She

❹ 모든 사람이 좋은 일자리를 원한다. everybody

의문 ❺ 그녀의 엄마는 좋은 일자리를 원하니? her mom

❻ 모든 사람이 좋은 일자리를 원하니? everybody

❼ 그는 좋은 일자리를 원하니? he

❽ 그녀는 좋은 일자리를 원하니? she

100

★ 우리말 뜻을 참고하여 영어로 표현하세요.

Jim wants a good job after college.
짐은 대학 졸업 후 좋은 일자리를 원한다.

Does Jim want a good job after college?
짐은 대학 졸업 후 좋은 일자리를 원하니?

✔ after college **대학 졸업 후**

일치 ❶ 그녀의 언니는 대학 졸업 후 좋은 일자리를 원한다. Her sister

❷ 그들은 대학 졸업 후 좋은 일자리를 원한다. They

❸ 모든 학생이 대학 졸업 후 좋은 일자리를 원한다. Every student

❹ 수잔은 대학 졸업 후 좋은 일자리를 원한다. Susan

의문 ❺ 모든 학생이 대학 졸업 후 좋은 일자리를 원하니? every student

❻ 그들은 대학 졸업 후 좋은 일자리를 원하니? they

❼ 수잔은 대학 졸업 후 좋은 일자리를 원하니? Susan

❽ 그녀의 언니는 대학 졸업 후 좋은 일자리를 원하니? her sister

▶ 101

★ 우리말 뜻을 참고하여 영어로 표현하세요.

She wants a cute puppy.
그녀는 귀여운 강아지를 원한다.

She doesn't want a cute puppy.
그녀는 귀여운 강아지를 원하지 않는다.

일치 ❶ 내 여동생은 귀여운 강아지를 원한다. My sister

❷ 그녀의 친구들은 귀여운 강아지를 원한다. Her friends

❸ 나는 귀여운 강아지를 원한다. I

❹ 그의 가족은 귀여운 강아지를 원한다. His family

부정 ❺ 그의 가족은 귀여운 강아지를 원하지 않는다. His family

❻ 나는 귀여운 강아지를 원하지 않는다. I

❼ 내 여동생은 귀여운 강아지를 원하지 않는다. My sister

❽ 그녀의 친구들은 귀여운 강아지를 원하지 않는다. Her friends

★ 우리말 뜻을 참고하여 영어로 표현하세요.

My dad wants a leather chair.
우리 아빠는 가죽 의자를 원한다.

My dad doesn't want a leather chair.
우리 아빠는 가죽 의자를 원하지 않는다.

일치 ① 폴은 가죽 의자를 원한다. Paul

② 우리 선생님은 가죽 의자를 원한다. My teacher

③ 나는 가죽 의자를 원한다. I

④ 우리 부모님은 가죽 의자를 원한다. My parents

부정 ⑤ 우리 선생님은 가죽 의자를 원하지 않는다. My teacher

⑥ 나는 가죽 의자를 원하지 않는다. I

⑦ 우리 부모님은 가죽 의자를 원하지 않는다. My parents

⑧ 폴은 가죽 의자를 원하지 않는다. Paul

▶ 103

★ 우리말 뜻을 참고하여 영어로 표현하세요.

I want the new iPad.
나는 새로운 아이패드를 갖고 싶다.

I don't want the new iPad.
나는 새로운 아이패드를 갖고 싶지 않다.

일치 ❶ 그는 새로운 아이패드를 갖고 싶다. He

❷ 내 사촌은 새로운 아이패드를 갖고 싶다. My cousin

❸ 짐은 새로운 아이패드를 갖고 싶다. Jim

❹ 그녀는 새로운 아이패드를 갖고 싶다. She

부정 ❺ 짐은 새로운 아이패드를 갖고 싶지 않다. Jim

❻ 그는 새로운 아이패드를 갖고 싶지 않다. He

❼ 내 사촌은 새로운 아이패드를 갖고 싶지 않다. My cousin

❽ 그녀는 새로운 아이패드를 갖고 싶지 않다. She

104

★ 우리말 뜻을 참고하여 영어로 표현하세요.

They want the new iPad so badly.
그들은 새로운 아이패드를 매우 갖고 싶어 한다.

Do they want the new iPad so badly?
그들은 새로운 아이패드를 매우 갖고 싶어 하니?

☑ so badly 매우

일치 ❶ 모든 어린이가 새로운 아이패드를 매우 갖고 싶어 한다. Every child

❷ 모든 학생이 새로운 아이패드를 매우 갖고 싶어 한다. Every student

❸ 그녀의 남동생은 새로운 아이패드를 매우 갖고 싶어 한다. Her brother

❹ 그의 친구는 새로운 아이패드를 매우 갖고 싶어 한다. His friend

의문 ❺ 모든 학생이 새로운 아이패드를 매우 갖고 싶어 하니? every student

❻ 모든 어린이가 새로운 아이패드를 매우 갖고 싶어 하니? every child

❼ 그의 친구가 새로운 아이패드를 매우 갖고 싶어 하니? his friend

❽ 그녀의 남동생이 새로운 아이패드를 매우 갖고 싶어 하니? her brother

105

★ 우리말 뜻을 참고하여 영어로 표현하세요.

We want more ice cream.
우리는 아이스크림을 더 원한다.

We don't want more ice cream.
우리는 아이스크림을 더 원하지 않는다.

일치 ① 내 남동생은 아이스크림을 더 원한다. My brother

② 그 아이들은 아이스크림을 더 원한다. The children

③ 진은 아이스크림을 더 원한다. Jean

④ 그녀의 친구들은 아이스크림을 더 원한다. Her friends

부정 ⑤ 그녀의 친구들은 아이스크림을 더 원하지 않는다. Her friends

⑥ 그 아이들은 아이스크림을 더 원하지 않는다. The children

⑦ 진은 아이스크림을 더 원하지 않는다. Jean

⑧ 내 남동생은 아이스크림을 더 원하지 않는다. My brother

★ 우리말 뜻을 참고하여 영어로 표현하세요.

He just wants some cake.

그는 그냥 약간의 케이크를 원한다.

Does he just want any cake?

그는 그냥 약간의 케이크를 원하니?

☑ just 단지, 그냥 · 의문문에서는 보통 some 대신 any를 씁니다.

일치 ❶ 그녀는 그냥 약간의 케이크를 원한다. She

❷ 그들은 그냥 약간의 케이크를 원한다. They

❸ 그녀의 친구는 그냥 약간의 케이크를 원한다. Her friend

❹ 제임스는 그냥 약간의 케이크를 원한다. James

의문 ❺ 그녀의 친구는 그냥 약간의 케이크를 원하니? her friend

❻ 그들은 그냥 약간의 케이크를 원하니? they

❼ 제임스는 그냥 약간의 케이크를 원하니? James

❽ 그녀는 그냥 약간의 케이크를 원하니? she

Review

097-106 그림을 보고 영어로 말해 보세요.

097

098

099

100

101

102

103

104

105

106

UNIT

13

want to

시작 월 일 :

마침 월 일 :

☆ *I* **want to eat** *a hamburger.* 나는 햄버거를 먹고 싶다.

「want+to+동사원형」은 '…을 하고 싶다', '…하기를 원한다'라는 의미입니다.

☆ *I* **don't want to eat** *a hamburger.*

나는 햄버거를 먹고 싶지 않다.

Do you want to eat *a hamburger***?**

너는 햄버거를 먹고 싶니?

부정문을 만들 때는 do not[does not]을 want to 앞에 붙이고, 의문문은 Do[Does]로 시작합니다.

★ 우리말 뜻을 참고하여 영어로 표현하세요.

He wants to eat fried chicken.
그는 닭고기 튀김을 먹고 싶다.

He doesn't want to eat fried chicken.
그는 닭고기 튀김을 먹고 싶지 않다.

일치 ❶ 우리 가족은 닭고기 튀김을 먹고 싶다. My family

❷ 진은 닭고기 튀김을 먹고 싶다. Jean

❸ 내 친구는 닭고기 튀김을 먹고 싶다. My friend

❹ 나는 닭고기 튀김이 먹고 싶다. I

부정 ❺ 내 친구는 닭고기 튀김을 먹고 싶지 않다. My friend

❻ 나는 닭고기 튀김을 먹고 싶지 않다. I

❼ 우리 가족은 닭고기 튀김을 먹고 싶지 않다. My family

❽ 진은 닭고기 튀김을 먹고 싶지 않다. Jean

★ 우리말 뜻을 참고하여 영어로 표현하세요.

They want to find the treasure.
그들은 보물을 찾기 원한다.

Do they want to find the treasure?
그들은 보물을 찾기 원하니?

일치 ① 그 아이들은 보물을 찾기 원한다. The children

② 그는 보물을 찾기 원한다. He

③ 그 여자아이는 보물을 찾기 원한다. The girl

④ 제임스는 보물을 찾기 원한다. James

의문 ⑤ 그 아이들은 보물을 찾기 원하니? the children

⑥ 그 여자아이는 보물을 찾기 원하니? the girl

⑦ 제임스는 보물을 찾기 원하니? James

⑧ 그는 보물을 찾기 원하니? he

★ 우리말 뜻을 참고하여 영어로 표현하세요.

He wants to get an A.
그는 A 학점을 받기 원한다.

Does he want to get an A?
그는 A 학점을 받기 원하니?

☑ get an A A학점을 받다

일치 ① 그 학생들은 A 학점을 받기 원한다. The students

② 진은 A 학점을 받기 원한다. Jean

③ 그녀의 친구 진은 A 학점을 받기 원한다. Her friend Jean

④ 그의 친구들은 A 학점을 받기 원한다. His friends

의문 ⑤ 진은 A 학점을 받기 원하니? Jean

⑥ 그녀의 친구 진은 A 학점을 받기 원하니? her friend Jean

⑦ 그 학생들은 A 학점을 받기 원하니? the students

⑧ 그의 친구들은 A 학점을 받기 원하니? his friends

▶110

★ 우리말 뜻을 참고하여 영어로 표현하세요.

He wants to get an A in math.

그는 수학에서 A 학점을 받기 원한다.

Does he want to get an A in math?

그는 수학에서 A 학점을 받기 원하니?

일치 ❶ 케이트는 수학에서 A 학점을 받기 원한다. Kate

❷ 그녀는 수학에서 A 학점을 받기 원한다. She

❸ 그들은 수학에서 A 학점을 받기 원한다. They

❹ 그녀의 언니는 수학에서 A 학점을 받기 원한다. Her sister

의문 ❺ 그녀의 언니는 수학에서 A 학점을 받기 원하니? her sister

❻ 그들은 수학에서 A 학점을 받기 원하니? they

❼ 케이트는 수학에서 A 학점을 받기 원하니? Kate

❽ 그녀는 수학에서 A 학점을 받기 원하니? she

★ 우리말 뜻을 참고하여 영어로 표현하세요.

Paul wants to borrow a pen.
폴은 펜을 빌리고 싶다.

Paul doesn't want to borrow a pen.
폴은 펜을 빌리고 싶지 않다.

일치 ① 그는 펜을 빌리고 싶다. He

② 나는 펜을 빌리고 싶다. I

③ 그녀는 펜을 빌리고 싶다. She

④ 그들은 펜을 빌리고 싶다. They

부정 ⑤ 그녀는 펜을 빌리고 싶지 않다. She

⑥ 나는 펜을 빌리고 싶지 않다. I

⑦ 그들은 펜을 빌리고 싶지 않다. They

⑧ 그는 펜을 빌리고 싶지 않다. He

★ 우리말 뜻을 참고하여 영어로 표현하세요.

Paul wants to borrow a pen from her.

폴은 그녀에게서 펜을 빌리고 싶다.

Does Paul want to borrow a pen from her?

폴은 그녀에게서 펜을 빌리고 싶어 하니?

☑ from …에게서

일치 ❶ 그들은 그녀에게서 펜을 빌리고 싶다. They

❷ 그는 그녀에게서 펜을 빌리고 싶다. He

❸ 그의 형은 그녀에게서 펜을 빌리고 싶다. His brother

❹ 그 남자아이는 그녀에게서 펜을 빌리고 싶다. The boy

의문 ❺ 그의 형이 그녀에게서 펜을 빌리고 싶어 하니? his brother

❻ 그 남자아이가 그녀에게서 펜을 빌리고 싶어 하니? the boy

❼ 그들은 그녀에게서 펜을 빌리고 싶어 하니? they

❽ 그는 그녀에게서 펜을 빌리고 싶어 하니? he

★ 우리말 뜻을 참고하여 영어로 표현하세요.

He wants to finish this work.

그는 이 일을 끝내고 싶다.

Does he want to finish this work?

그는 이 일을 끝내고 싶어 하니?

일치 ① 그녀는 이 일을 끝내고 싶다. She

② 그녀의 엄마는 이 일을 끝내고 싶어 하신다. Her mom

③ 폴은 이 일을 끝내고 싶다. Paul

④ 그들은 이 일을 끝내고 싶다. They

의문 ⑤ 그녀는 이 일을 끝내고 싶어 하니? she

⑥ 그들은 이 일을 끝내고 싶어 하니? they

⑦ 폴은 이 일을 끝내고 싶어 하니? Paul

⑧ 그녀의 엄마는 이 일을 끝내고 싶어 하시니? her mom

★ 우리말 뜻을 참고하여 영어로 표현하세요.

He wants to finish this work by tomorrow.
그는 내일까지 이 일을 끝내고 싶다.

He doesn't want to finish this work by tomorrow.
그는 내일까지 이 일을 끝내고 싶지 않다.

☑ by …까지

일치 ① 사라는 내일까지 이 일을 끝내고 싶다. Sarah

② 우리는 내일까지 이 일을 끝내고 싶다. We

③ 나는 내일까지 이 일을 끝내고 싶다. I

④ 그들은 내일까지 이 일을 끝내고 싶다. They

부정 ⑤ 나는 내일까지 이 일을 끝내고 싶지 않다. I

⑥ 우리는 내일까지 이 일을 끝내고 싶지 않다. We

⑦ 그들은 내일까지 이 일을 끝내고 싶지 않다. They

⑧ 사라는 내일까지 이 일을 끝내고 싶지 않다. Sarah

115

★ 우리말 뜻을 참고하여 영어로 표현하세요.

Everybody wants to be famous.
모든 사람은 유명해지길 원한다.

Does everybody want to be famous?
모든 사람은 유명해지길 원하니?

일치 ❶ 존은 유명해지길 원한다. John

❷ 수잔은 유명해지길 원한다. Susan

❸ 그들은 유명해지길 원한다. They

❹ 그녀의 사촌은 유명해지길 원한다. Her cousin

의문 ❺ 그들은 유명해지길 원하니? they

❻ 그녀의 사촌은 유명해지길 원하니? her cousin

❼ 존은 유명해지길 원하니? John

❽ 수잔은 유명해지길 원하니? Susan

★ 우리말 뜻을 참고하여 영어로 표현하세요.

I want to talk to her.
나는 그녀와 이야기하고 싶다.

I don't want to talk to her.
나는 그녀와 이야기하고 싶지 않다.

일치 ❶ 폴은 그녀와 이야기하고 싶다. Paul

❷ 그녀의 엄마는 그녀와 이야기하고 싶다. Her mom

❸ 그녀의 친구들은 그녀와 이야기하고 싶다. Her friends

❹ 그들은 그녀와 이야기하고 싶다. They

부정 ❺ 그녀의 엄마는 그녀와 이야기하고 싶지 않다. Her mom

❻ 그들은 그녀와 이야기하고 싶지 않다. They

❼ 폴은 그녀와 이야기하고 싶지 않다. Paul

❽ 그녀의 친구들은 그녀와 이야기하고 싶지 않다. Her friends

Review

107-116 그림을 보고 영어로 말해 보세요.

107

108

109

110

111

112

113

114

115

116

UNIT

14

I want you to

시작 월 일 :

마침 월 일 :

☆ I want you to *try.* 나는 네가 시도하기를 바란다.

「I want you to+동사원형」은 '나는 네가 …하기를 바란다'라고 상대에게 바라는 것을 말할 때 쓸 수 있습니다. 회화에서 자주 쓰이는 문장 표현이니 잘 알아두세요.

☆ *I* don't want you to *try.* 나는 네가 시도하기를 바라지 않는다.

부정문을 만들 때는 do not[does not]을 want you to 앞에 붙입니다.

★ 우리말 뜻을 참고하여 영어로 표현하세요.

I want you to ***come.***

나는 네가 와 주길 바란다.

I don't want you to ***come.***

나는 네가 오기를 바라지 않는다.

응용 ① 나는 네가 도와 주길 바란다. help

② 나는 네가 머무르길 바란다. stay

③ 나는 네가 알기를 바란다. know

④ 나는 네가 행복하기를 바란다. be happy

부정 ⑤ 나는 네가 머물기를 바라지 않는다. stay

⑥ 나는 네가 돕기를 바라지 않는다. help

⑦ 나는 네가 행복하기를 바라지 않는다. be happy

⑧ 나는 네가 알기를 바라지 않는다. know

★ 우리말 뜻을 참고하여 영어로 표현하세요.

I want you to drive him home.

나는 네가 그를 집에 태워다 주기를 바란다.

I don't want you to drive him home.

나는 네가 그를 집에 태워다 주기를 바라지 않는다.

drive A home A를 집에 태워다 주다

일치 ① 그의 형은 네가 그를 집에 태워다 주기를 바란다. His brother

② 그의 친구들은 네가 그를 집에 태워다 주기를 바란다. His friends

③ 메리는 네가 그를 집에 태워다 주기를 바란다. Mary

④ 그들은 네가 그를 집에 태워다 주기를 바란다. They

부정 ⑤ 메리는 네가 그를 집에 태워다 주기를 바라지 않는다. Mary

⑥ 그의 친구들은 네가 그를 집에 태워다 주기를 바라지 않는다. His friends

⑦ 그의 형은 네가 그를 집에 태워다 주기를 바라지 않는다. His brother

⑧ 그들은 네가 그를 집에 태워다 주기를 바라지 않는다. They

★ 우리말 뜻을 참고하여 영어로 표현하세요.

I want you to speak loudly.
나는 네가 큰 소리로 말하길 바란다.

I don't want you to speak loudly.
나는 네가 큰 소리로 말하기를 바라지 않는다.

☑ loudly 크게

일치 ❶ 그들은 네가 큰 소리로 말하길 바란다. They

❷ 그녀는 네가 큰 소리로 말하길 바란다. She

❸ 우리는 네가 큰 소리로 말하길 바란다. We

❹ 진은 네가 큰 소리로 말하길 바란다. Jean

부정 ❺ 그녀는 네가 큰 소리로 말하기를 바라지 않는다. She

❻ 그들은 네가 큰 소리로 말하기를 바라지 않는다. They

❼ 진은 네가 큰 소리로 말하기를 바라지 않는다. Jean

❽ 우리는 네가 큰 소리로 말하기를 바라지 않는다. We

★ 우리말 뜻을 참고하여 영어로 표현하세요.

I want you to join the club.
나는 네가 그 동아리에 들어오길 바란다.

I don't want you to join the club.
나는 네가 그 동아리에 들어오기를 바라지 않는다.

☑ join 가입하다, 들어오다

일치 ① 존은 네가 그 동아리에 들어오길 바란다. John

② 사라는 네가 그 동아리에 들어오길 바란다. Sarah

③ 내 친구는 네가 그 동아리에 들어오길 바란다. My friend

④ 내 친구들은 네가 그 동아리에 들어오길 바란다. My friends

부정 ⑤ 사라는 네가 그 동아리에 들어오기를 바라지 않는다. Sarah

⑥ 존은 네가 그 동아리에 들어오기를 바라지 않는다. John

⑦ 내 친구는 네가 그 동아리에 들어오기를 바라지 않는다. My friend

⑧ 내 친구들은 네가 그 동아리에 들어오기를 바라지 않는다. My friends

Review

117-120 그림을 보고 영어로 말해 보세요.

117

118

119

120

Certainly I can!